1913 gab es Kaiserreiche und Monarchien, die Frauen trugen lange Kleider und arbeiteten zumeist im Haus, Bildung und Selbstständigkeit waren alles andere als selbstverständlich. Doch die angestammten Verhältnisse standen kopf, als 1914 der Krieg ausbrach und Frauen vielerorts die Verantwortung übernahmen – in Fabriken, Lazaretten, Betrieben und in der Landwirtschaft. Als 1918 der Krieg dann zu Ende war, gab es kein Kaiser- und kein Zarenreich mehr, die Kleider wurden kürzer, das Selbstbewusstsein der Frauen war gestiegen. Jetzt setzten unsere Groß- und Urgroßmütter in Deutschland und Österreich das Wahlrecht durch.

Antonia Meiners führt anhand von Porträts bekannter und unbekannter Frauen und vielen privaten Dokumenten durch eine Zeit, an deren Ende die Welt – gerade für Frauen – eine andere war.

Antonia Meiners, geboren in Bamberg und aufgewachsen in Berlin, studierte in Ostberlin Kulturwissenschaften, nach ihrem Wechsel 1977 nach Westberlin Germanistik und Theaterwissenschaft. Sie arbeitet als freie Lektorin für Buchverlage und veröffentlichte zahlreiche Bücher, u. a. im Elisabeth Sandmann Verlag.

insel taschenbuch 4485
Antonia Meiners
Die Stunde der Frauen

Der im Elisabeth Sandmann Verlag erschienene Originalband wurde für die Taschenbuchausgabe um einige Porträts gekürzt.

Erste Auflage 2016
insel taschenbuch 4485
Insel Verlag Berlin 2016

Vertrieb durch den Suhrkamp Taschenbuch Verlag

Umschlag, Innenseiten und Satz: *Schimmelpenninck.Gestaltung, Berlin*
Druck: Friedrich Pustet GmbH & Co. KG, Regensburg
Printed in Germany
ISBN 978-3-458-36185-5

Antonia Meiners

Die Stunde der Frauen

Zwischen Monarchie, Weltkrieg und Wahlrecht

1913–1919

Insel Verlag

Inhalt

Links: Eine vom Krieg zerstörte Provinzstadt in Frankreich.

Rechts: Der österreichische Thronfolger Franz Ferdinand und seine Frau
am 28. Juni 1914 vor dem Rathaus von Sarajevo in der Provinz Herzegowina.
Auf der anschließenden Fahrt werden beide durch den serbischen Studenten
Princip ermordet. Das Attentat wird zum Auslöser des Ersten Weltkriegs.

Zwischen Monarchie, Weltkrieg und Wahlrecht 1913 – 1919

Die Welt, so scheint es, ist 1913 noch in Ordnung. Es gibt Kaiserreiche und Monarchien, man vertraut auf überkommene Werte, und auch die traditionellen Geschlechterrollen stellt kaum jemand in Frage. Mit Ausbruch des Krieges im Jahr 1914 ändert sich dann alles. Die Männer ziehen ins Feld, und die Frauen müssen Verantwortung übernehmen: in den Familien, in der kommunalen Versorgung, in Fabriken und Lazaretten. Als 1918 der Krieg zu Ende geht, haben Revolutionen die Kaiser von ihrem Thron gejagt, wenig ist übrig geblieben von der »alten Zeit«. Demokratien entstehen, Frauen können erstmals wählen und schicken sich an, ihre privaten Lebensgewohnheiten zu ändern und auch das öffentliche Geschehen mitzugestalten. Sie verlassen den heimischen Herd und fassen Fuß in der Berufswelt. Waren sie bei allem Leid und allen Entbehrungen, bei aller Trauer um ihre Väter, Männer und Söhne doch auch Gewinnerinnen dieses Krieges – eines Krieges, der rund zehn Millionen Soldaten sowie sieben Millionen Zivilisten das Leben kostete und als die Urkatastrophe des 20. Jahrhunderts in die Geschichte einging?

Europa rüstet zum Krieg

Am 1. August 1914 beginnt für Deutschland der Erste Weltkrieg, zuvor herrscht über 40 Jahre lang Frieden in Mitteleuropa. Vom Balkon des Berliner Schlosses verkündet Kaiser Wilhelm II. die Mobilmachung, frenetisch bejubelt von einer angespannt wartenden Menschenmenge, die offenbar entschlossen ist, nahezu alles der Erfüllung nationaler Aufgaben zu opfern. Tausende melden sich freiwillig – als ob es nichts Erstrebenswerteres gäbe, als in den Krieg zu ziehen. Woher kommt diese Euphorie, diese Bereitschaft, sein Leben zu geben für die »Rettung« des Vaterlandes?

Über vierzig Jahre herrscht nun Frieden in Mitteleuropa, eine rasch wachsende Industrie hat zu einem wirtschaftlichen Aufschwung geführt, der es mehr Menschen als je zuvor ermöglicht, in relativem Wohlstand zu leben. Diesen weiter zu mehren, greifen die mächtigen und militärisch gut gerüsteten Staaten Europas im ausgehenden 19. Jahrhundert nach fernen Ländern und errichten Protektorate sowie Kolonien in Afrika und Asien. Der so gewachsene Reichtum weckt Begehrlichkeiten: Das Deutsche Reich, erst nach seiner Gründung 1871 zur Großmacht aufgestiegen, empfindet sich bei der von Frankreich und Großbritannien vorgenommenen Aufteilung der Welt als zu kurz gekommen und beginnt zielstrebig, seine Interessen zu verfolgen. Zu Beginn des 20. Jahrhunderts verschärft sich daher die Konkurrenz um die Vorherrschaft auf dem Kontinent, und die führenden Staaten

Europas schließen sich in zwei Bündnissystemen zusammen. Gegenüber stehen sich die Entente – Großbritannien, Frankreich und Russland, denen sich 1915 auch Italien anschließt – und als Zweibund die sogenannten Mittelmächte: die k.u.k. Monarchie Österreich-Ungarn und Deutschland. Beide Lager rüsten militärisch auf, begleitet vom Klima zunehmender nationalistischer Ressentiments. Diese Entwicklung hatte schon vor 1914 wiederholt zu außenpolitischen Krisen geführt und Europa mehrmals an den Rand einer militärischen Auseinandersetzung gebracht. Warnende Stimmen gibt es genug, die auf die schwelende Gefahr eines Krieges aufmerksam machen, allen voran die 1905 mit dem Friedensnobelpreis geehrte Vorkämpferin der pazifistischen Bewegung, Bertha von Suttner. Ihr 1889 erschienenes Buch *Die Waffen nieder!* war ein Fanal der sich organisierenden Friedensbewegung. Bertha von Suttner stirbt am 21. Juni 1914 im Alter von 71 Jahren, sieben Tage vor dem Attentat auf den österreichischen Thronfolger in Sarajevo, das zum Anlass für den Ersten Weltkrieg wird.

Eine seltene Fotografie mit Originalbildunterschrift:
»Gefangenenaustausch in Saßnitz. Eine junge Österreicherin als
Austauschgefangene, die seinerzeit als Fähnrich der polnischen
Legion an der russischen Front mitkämpfte.«

Aufruf zum »Burgfrieden«

»In dem jetzt bevorstehenden Kampfe kenne ich in meinem Volke keine Parteien mehr. Es gibt unter uns nur noch Deutsche. Und welche von den Parteien auch im Laufe des Meinungskampfes sich gegen mich gewandt haben sollten, ich verzeihe Ihnen allen. Es handelt sich jetzt nur darum, dass alle wie Brüder zusammenstehen, und dann wird dem deutschen Volke Gott zum Siege verhelfen.« Mit fast den gleichen Worten, mit denen Wilhelm II. vor dem Berliner Schloss die versammelten Massen einschwört, tritt er am 4. August noch einmal vor den deutschen Reichstag, der einstimmig die Kriegskredite billigt. Beeindruckt von der nationalen Hochstimmung und wie die meisten Deutschen überzeugt davon, dass sich ihr Vaterland gegen die Angreifer von außen verteidigen muss, bekennen sich so auch die Sozialdemokraten – die stärkste Fraktion im Reichstag – zur Politik des »Burgfriedens«.

Damit verzichtet die SPD für die Dauer des Krieges auf jede Auseinandersetzung mit anderen Parteien sowie auf jegliche Agitation gegen die Reichsregierung. Letztlich ist diese Unterwerfung das Ergebnis einer die Presse beherrschenden Propagandamaschinerie, der es gelungen ist, das Ringen um die Vormachtstellung in Europa als die wahren Gründe für diesen Krieg so umzumünzen, dass die Deutschen sich als das von allen Seiten bedrohte Volk sehen und den Krieg für notwendig und gerecht halten. Eine Strategie, die auch in jedem anderen der Krieg führenden Länder auf diese Weise funktioniert. Niemals zuvor hatte nationalistisches Gedankengut in Europa einen solchen Einfluss auf das Denken und Fühlen der Menschen wie bei Ausbruch des Ersten Weltkrieges.

Die neue Dimension des Krieges

Die wenigsten der kriegsbegeisterten jungen Männer haben eine Vorstellung von dem, was ihnen im Kampf ums Vaterland bevorsteht. Neben nationalistischen Motiven ist es bei vielen auch die Sehnsucht

nach dem großen Abenteuer, die sie zu diesem Schritt bewegt, die
Möglichkeit, aus der Enge einer bürgerlichen Existenz auszubrechen,
oder auch die Hoffnung auf die Auflösung politischer und gesell-
schaftlicher Konflikte in einem patriotischen Gemeinschaftsgefühl.
Der Erfahrung einer brutalen, ernüchternden Kriegsrealität weichen
solche Fantasien schon sehr bald. Begriffe wie »Materialschlacht« und
»Menschenmaterial« kennzeichnen die neue Dimension des Krieges,
der nicht auf Europa begrenzt bleibt, sondern sich bis in die Kolonien in
Afrika und Asien ausbreitet. Neue Waffensysteme mit ungeheurer Zer-
störungskraft verursachen ein bisher nicht gekanntes Massensterben
und verwandeln ganze Landstriche in Flandern, Nordfrankreich und
in Osteuropa in Todeszonen. Erstmals werden mit Zeppelinen und Flugzeugen Angriffe aus der Luft geflogen, kommen U-Boote zum Einsatz,
und im April 1915 beginnt mit dem erstmaligen Einsatz chemischer
Waffen ein verheerender Gaskrieg, durch den allein 90 000 Soldaten
sterben und über eine Million vergiftet werden. In den Schützengräben
der zum Stellungskrieg erstarrten Kampfhandlungen sind die Soldaten
den pausenlosen Angriffen von Maschinengewehren und Kanonen mit
Sprenggranaten ausgesetzt, die grausame Verwundungen zur Folge
haben: Kopf- und Gesichtsverletzungen und abgerissene Gliedmaßen
machen die Soldaten – wenn sie nicht sterben – zu lebenslangen Krüp-
peln. Darüber hinaus tragen unzählige Soldaten psychische Schäden
davon. Unmittelbar konfrontiert mit der Erbarmungslosigkeit des Krieges sind auch die etwa 100 000 Krankenschwestern, von denen viele in
den Etappenlazaretten ebenfalls den Gefahren der Kriegshandlungen
ausgesetzt sind.

Gruppe mitwirkender Kriegsverletzter
in dem kürzlich im Blüthnersaal stattgefundenen
Konzert „Deutsche Verwundetenkunst".

Fotografie mit Originalbildunterschrift: »Gruppe mitwirkender
Kriegsverletzter in dem kürzlich im Blüthnersaal stattgefundenen
Konzert ›Deutsche Verwundetenkunst‹.«

Der Untergang kündigt sich an

Schon 1916 erscheint ein Sieg der Mittelmächte aussichtslos. Anvisierte Friedensgespräche aber scheitern an der letztendlich fehlenden Bereitschaft zu Zugeständnissen beider Kriegsparteien. Als dann im Februar 1917 die russische Revolution das Ende der Zarenherrschaft besiegelt und im März 1918 der Friedensvertrag mit der Sowjetunion geschlossen wird, schöpfen die Militärs noch einmal Hoffnung. Doch nach dem im April 1917 erfolgten Kriegseintritt der USA auf Seiten der Entente ist für die stark dezimierten Armeen der Mittelmächte die Niederlage nicht mehr abzuwenden.

Mit der sich extrem verschlechternden Versorgungslage im Winter 1916/17 breitet sich auch an der Heimatfront Kriegsmüdigkeit aus. In den Großstädten gehen die Frauen auf die Straße, fordern »Brot und Frieden«. 1918 kommt es immer häufiger zu Streiks und Protesten. Im November sind dann auch viele der Soldaten nicht mehr bereit, für den längst verlorenen Krieg ihr Leben zu lassen. Ein Großteil in den Armeen der Mittelmächte verweigert der militärischen Führung die Gefolgschaft und fordert den Rücktritt der monarchistischen Regierungen als Verursacher dieser menschlichen Katastrophe. Die Revolution ist nicht mehr aufzuhalten. Am 9. November 1918 dankt der deutsche Kaiser Wilhelm II. ab, am 12. November wird in Wien Kaiser Karl I. zum Rücktritt gezwungen.

Am 28. Juni 1919 muss in der Weimarer Republik die neu gewählte demokratische Regierung trotz ihres Protests gegen die Zuweisung der alleinigen Kriegsschuld an Deutschland und der nicht zu bewältigenden Reparationszahlungen den Versailler Friedensvertrag unterzeichnen. Für die junge Republik bedeutet dieser Vertrag von Beginn an eine schwere Hypothek. Die sogenannte »Dolchstoßlegende«, nach der die reaktionären Militärs nunmehr die demokratischen Unterzeichner des »Schandfrieden«-Vertrags des Verrats an den »im Felde unbesiegten« Soldaten bezichtigen, ist eine der Ursachen für den Aufstieg der Nationalsozialisten zu Beginn der Dreißigerjahre.

Frauen zwischen Monarchie, Weltkrieg und Wahlrecht

Neben der Angst um ihre Lieben an der Front sind die Frauen infolge der schon im ersten Kriegsjahr immer knapper werdenden Lebensmittel zunehmend vom Kampf um das tägliche Brot belastet. Höhere Preise und die fortschreitende Inflation zwingen immer mehr von ihnen, den Lebensunterhalt für ihre Familien zu verdienen. Da der Arbeitskräftebedarf in der Rüstungsindustrie ständig steigt, gehen viele in die Fabriken – so wächst beispielsweise der Anteil der Frauen bei der »Rüstungsschmiede« Krupp in Essen von 3000 im Jahr 1914 auf 28000 im Januar 1918. Andere führen die Geschäfte oder Handwerksbetriebe ihrer Männer weiter, arbeiten in der Landwirtschaft, als Straßenbahnschaffnerin oder Postbotin und in den Verwaltungen. Vor allem die Jüngeren erringen während dieser Zeit erstmals eine gewisse Selbstständigkeit, und gut ausgebildete Frauen haben vorübergehend die Chance auf qualifizierte Tätigkeiten, die sonst Männern vorbehalten sind.

Von diesem neuen Leben der Frauen, von dem radikalen Wandel der Zeiten, dem sie in den vier Jahren unterworfen sind, erzählt dieses Buch. Und davon, wie vielgestaltig die Rolle der Frauen in dieser Zeit des Umbruchs in Europa war. Die hier vorgestellten Frauen haben sehr unterschiedliche Biografien, doch gleich aus welchen gesellschaftlichen Schichten sie kommen, ob aus Arbeiterfamilien, Professorenhaushalten oder Adelsgeschlechtern, und unabhängig von ihrer bisherigen Lebensgestaltung, ob als Hausdame, promovierte Physikerin, Frauenrechtlerin, Politikerin oder Künstlerin – der Krieg erzwingt von allen eine grundlegende Neuorientierung. Für jede von ihnen kommt der Krieg einer Zäsur gleich, die ihrem Schicksal eine entscheidende Wendung gibt. Einige von ihnen finden ein tragisches Ende in diesen von Hass, Not und Elend gezeichneten Jahren, anderen aber gelingt es, aus dem gewonnenen Überlebenskampf Kraft zu schöpfen für die Bewältigung der Aufgaben, die sich den Frauen in den neuen Gesellschaften stellen.

Vorboten eines »Jahrhunderts der Frauen«?

Die Revolutionen fegen die alten Ordnungen hinweg und mit ihnen scheint auch die Diskriminierung des weiblichen Geschlechts dort der Vergangenheit anzugehören, wo die Sozialisten mit dem Ziel antreten, einen demokratischen Staat aufzubauen. Noch im November 1918 verkünden die provisorischen sozialdemokratischen Regierungen in Österreich und Deutschland das allgemeine Wahlrecht, somit auch für die Frauen. Damit sind diese Länder zwar nicht die ersten – in den skandinavischen Ländern und in der Sowjetunion besteht das Frauenwahlrecht zu diesem Zeitpunkt schon –, aber die Vorreiter unter den Industrieländern. Denn die Staaten, in denen der Krieg nicht durch Revolutionen, sondern durch das Militär beendet wird, sind an solchen radikalen Veränderungen anscheinend nicht interessiert, hier behalten offenbar die konservativen Kräfte die Oberhand. In England, dem Traditionsland der Suffragetten, die vor dem Krieg am militantesten ihr Wahlrecht forderten, erhalten die Frauen erst 1920 zunächst ein eingeschränktes und 1928 das volle Wahlrecht, und in Frankreich, das mit der Revolution von 1789 eine neue Gesellschaft schuf, können die Frauen erst nach dem Zweiten Weltkrieg, ab 1944, wählen; in der Schweiz ist das gar erst im Jahr 1971 möglich.

Zählen also die Frauen Deutschlands und Österreichs gewissermaßen doch zu den »Gewinnerinnen« des Ersten Weltkriegs? Diese Frage ist nicht klar zu bejahen angesichts der in der Weimarer Republik noch immer vorherrschenden traditionellen Geschlechterordnung. Aber dennoch: Durch die im Krieg gestiegene ökonomische Bedeutung der Frauenarbeit wird – wenn auch langsam – ein Wandel der gesellschaftlichen Stellung der Frau in Gang gesetzt, von dem man heute, nach so langer Zeit sagen kann, dass er am Anfang des »Jahrhunderts der Frauen« stand.

Mobilmachung, Jubel, Widerstand

»Ich habe es zu früh erkannt, dass der Schlachteneifer nichts Übermenschliches, sondern – Untermenschliches ist; keine mystische Offenbarung aus dem Reiche Luzifers, sondern eine Reminiscenz aus dem Reiche der Tierheit – ein Wiedererwachen der Bestialität.«

BERTHA VON SUTTNER
in *Die Waffen nieder!*, 1889

Die ersten Kriegsfreiwilligen in Berlin werden
begeistert verabschiedet, August 1914.

Am 1. August 1914 wendet sich Kaiser Wilhelm II. anlässlich der Kriegserklärung gegen Russland, des Auftakts zum Ersten Weltkrieg, in seiner Rede an das deutsche Volk: »Ich kenne keine Parteien und auch keine Konfessionen mehr; wir sind heute alle deutsche Brüder und nur noch deutsche Brüder«, beschwört er vom Balkon des Berliner Stadtschlosses aus die jubelnde Menge. Auch wenn die »Schwestern« der »Brüder« in der kaiserlichen Formulierung vollkommen ignoriert werden, fühlen sich doch ebenso die deutschen Frauen von Wilhelms patriotischem Pathos angesprochen und sind bereit, den Krieg bedingungslos zu unterstützen.

Ohne Wenn und Aber steht die bürgerliche Frauenbewegung auf Seiten ihrer Regierung und befürwortet deren Kriegseintritt als legitime Verteidigungsstrategie. Von einer internationalen Frauenbewegung, die doch zuvor durch Ziele wie das Wahlrecht der Frauen eng verbunden gewesen war, kann jetzt keine Rede mehr sein. Auf britischer Seite drängt die wohl berühmteste englische Frauenrechtlerin, Emmeline Pankhurst, zur Wehrpflicht und begrüßt den Einsatz der Frauen in den Munitionsfabriken, weil sie einen Sieg der »männlichen Nation« Deutschland auch als einen »Schlag gegen die Frauenbewegung« einschätzt. Und die Vorsitzende des Bundes Deutscher Frauenvereine (BDF), Gertrud Bäumer, macht 1915 gar die Existenzberechtigung der deutschen Frauenbewegung von ihrem erfolgreichen Engagement für das Vaterland abhängig: »Umringt von Feinden, überschlägt und sammelt unser Vaterland die Mächte seiner Verteidigung. [...] Jetzt fragt es sich: machen die Erziehung und die Arbeit der Frauenbewegung die Frauen fähiger zu der riesigen Kraftprobe, die unser Volk im Augenblick zu leisten hat? Wenn die Antwort auf diese Frage nicht unbedingt und selbstverständlich ›ja‹ lauten kann, so ist unsere bisherige Arbeit gerichtet und erledigt.«

Der Krieg als Chance für die Gleichberechtigung? Es ist ein völlig neues Selbstverständnis der Frauenbewegung, das hier zum Ausdruck kommt. Sich an der Heimatfront bewähren, hier das Ihrige fürs Vaterland zu leisten – dies würde allen beweisen, dass Frauen als Bürgerinnen des Landes den Männern ebenbürtig sind. Die politische Gleichberechtigung müsste dann nicht mehr erkämpft werden, sondern wäre für die Regierung eine natürliche Folge. So jedenfalls die Hoffnung.

Verkündung der Mobilmachung in Berlin Unter den Linden.

Gemeinsam mit ihrer Lebensgefährtin Helene Lange hatte sich Gertrud Bäumer seit Ende des 19. Jahrhunderts insbesondere in der Lehrerinnenausbildung engagiert, 1904 promovierte sie an der Berliner Universität zum Dr. phil. und war seit 1910 Vorsitzende des BDF. Jetzt, im Krieg, ordnen sich die Aufgaben der Frauenbewegung neu, bisher verfolgte politische Ziele wie das Wahlrecht der Frauen rücken in den Hintergrund, der Dienst am Vaterland erhält alleinige Priorität. Im gleich nach Kriegsbeginn von Gertrud Bäumer initiierten Nationalen Frauendienst gründen sich in wenigen Wochen überall im Land Ortsgruppen, die an der Heimatfront ihre Aufgaben wahrnehmen. Alle Sonderinteressen haben nun zu schweigen, so formuliert es Helene Lange, »da es nun gilt, die Nation durch die schwere Krisis hindurchzubringen, die ihr den Neid und die Feindschaft anderer Völker bereitet haben«.

Widerstand der radikalen Feministinnen

D och es gibt auch ganz andere Stimmen, und zwar vom radikalen Flügel der Frauenbewegung. So äußert Lida Gustava Heymann, eine ihrer schillerndsten Vertreterinnen, im August 1914: »Wir würden keine Arbeit für direkte Kriegszwecke leisten, wie Hospitaldienst, Verwundetenpflege. Halbtot geschundene Menschen wieder lebendig und gesund machen, um sie abermals den gleichen und noch schlimmeren Qualen auszusetzen? Nein, für solchen Wahnsinn würden wir uns nicht hergeben.«

Die radikalen Feministinnen stellen sich der ansonsten vorherrschenden Kriegseuphorie öffentlich entgegen – radikal sind sie insofern, als sie, anders als die meisten bürgerlichen Frauenvereine, kompromisslos und per sofort die rechtliche und politische Gleichstellung der Frau einfordern. In Deutschland zählen zu ihnen unter anderem Lida Gustava Heymann und deren Lebensgefährtin Anita Augspurg, Helene Stöcker und später auch Minna Cauer.

Während deutsche Soldaten in Russland kämpfen und die zweite Flandernschlacht tobt, findet vom 28. April bis zum 1. Mai 1915 in Den

Haag der erste internationale Frauenfriedenskongress statt. Hier versammeln sich über tausend Frauen aus zwölf Ländern, darunter 28 aus Deutschland. Und das, obwohl alle Krieg führenden Staaten die Veranstaltung durch Reiseverbote und Schikanen an den Grenzen zu verhindern gesucht haben. Der Kongress beschließt die Gründung eines internationalen Frauenkomitees für dauernden Frieden unter dem Vorsitz von Jane Addams und schickt im Anschluss einige Delegierte zu den europäischen Regierungen, um sie von der Notwendigkeit eines sofortigen Friedensschlusses zu überzeugen. Die Damen werden zwar überall höflich empfangen, an eine Änderung der Kriegspolitik denkt indes niemand.

»Sieh Dir mal diese Schlachtenbilder an, wo die Soldaten nichts Menschliches mehr haben, wenn sie im Nahkampf den ›Feind‹ niederstechen. Natürlich alles im Namen Gottes und des Christentums. Und denk mal an all die in die Luft gesprengten und versenkten Schiffe, über die die Menschen jetzt jubeln, an den Kampf mit Stinkbomben und giftigen Gasen etc. etc. So nämlich sieht der Krieg aus, das ist sein wahres Gesicht. [...] Und all das andere, die Begeisterung, die Einigkeit etc. etc. sind Mäntelchen, die wir ihm umhängen, weil die meisten Menschen es sonst nicht ertragen könnten, weil man sein wahres Antlitz nicht zu sehen vermag, da das Grauen und Entsetzen zu groß wäre. Darüber hilft mir alle Begeisterung für die Einigkeit, für das Vaterland nicht hinweg. Die ›Einigkeit‹ wird ihre Probe erst noch zu bestehen haben, ich persönlich bin fest überzeugt, dass sie sie nicht bestehen wird, weil die nackten Macht- und Geldinteressen der besitzenden Klassen sofort die Einigkeit zerreißen werden, wenn die Massen nicht mehr gebraucht werden.«

AUGUSTE KIRCHHOFF in einem Brief an ihre Tochter, 1915

Protest der Proletarierfrauen

Auch die sozialistische Frauenbewegung engagiert sich für das allgemeine Wahlrecht, und die Feministinnen des bürgerlichen und des proletarischen Lagers haben durchaus Sympathien füreinander. So schickt Clara Zetkin – neben Rosa Luxemburg die wohl mutigste Frau unter den Sozialdemokraten – im April 1915 ein Grußtelegramm an den Friedenskongress in Den Haag. Doch anders als die Mitglieder der anderen Frauenvereine sehen die Sozialistinnen nicht die patriarchalische Männergesellschaft als Verursacher des Krieges, sondern das kapitalistische System. Es sind dies zwei so grundsätzlich unvereinbare Haltungen, dass sie ein Zusammengehen beider pazifistischer Bewegungen auch in der Zukunft verhindern.

Die 1857 geborene Clara Zetkin war schon früh zur SPD gekommen, wendet sich aber wie Rosa Luxemburg gegen die Politik des sogenannten Burgfriedens – des Zusammenstehens aller Parteien gegen den äußeren Feind, der auch die Sozialdemokraten folgen. Sie organisiert im März 1915 mit der internationalen sozialistischen Frauenkonferenz in Bern ebenfalls einen Friedenskongress; auch die hier aus acht Ländern angereisten Delegierten verabschieden ein gemeinsames Manifest gegen das Völkermorden. Wegen ihrer Antikriegshaltung wird Clara Zetkin mehrfach inhaftiert und von ihren Genossen in der SPD-Führung heftig kritisiert. Doch sie lässt sich nicht einschüchtern, sondern stellt sich an die Spitze einer Protestbewegung, die – vor allem unter den am stärksten unter den heimischen Folgen des Krieges leidenden Frauen aus den ärmeren Bevölkerungsschichten – immer mehr Anhänger gewinnt, als nach zwei Jahren Krieg und Entbehrungen die Kriegsbegeisterung ins Gegenteil umschlägt.

Clara Zetkin (l.) und
Rosa Luxemburg (r.),
um 1940.

Heraus mit dem Frauenwahlr

FRAUEN-TA
8. MÄRZ 1914

Den Frauen, die als Arbeiterinnen, Mütter und Gemeindebürgerinnen ihre volle Pflic
im Staat wie in der Gemeinde ihre Steuern entrichten müssen, hat Voreingenommenheit v
Gesinnung das volle Staatsbürgerrecht bis jetzt verweigert.
Dieses natürliche Menschenrecht zu erkämpfen, muß der unerschütterliche, feste Wille je
Arbeiterin sein. Hier darf es kein Ruhen kein Rasten geben. Kommt daher alle, ihr Frauen
in die am

Sonntag den 8. März 1914 nachmittags 3 Uhr i

9 öffentl. Frauen-Versammlungen

>»Wir vertrauen darauf, dass der Bund,
den wir 1915 in Haag geschlossen, seine alte Kraft bewahrt,
dass wir Frauen trotz Hass und Feindschaft unserer Länder treu
zueinander stehen und von Volk zu Volk die Brücke schlagen
werden, wenn endlich der Friede kommt.«

ANITA AUGSPURG, 1917

Auflehnung und Verweigerung

A uch fernab organisierter Protestbewegungen und weitgehend unbemerkt von der Öffentlichkeit, gibt es Frauen, die für ihre pazifistische Überzeugung einstehen – manchmal bis in den Tod.

Clara Immerwahr, eine der ersten in Deutschland promovierten Chemikerinnen und Frau des späteren Nobelpreisträgers Fritz Haber, prangert die Entwicklung von Kampfgas, bei der ihr Mann federführend ist, als eine Perversion der Wissenschaft an. Als sie erkennt, dass auch die schrecklichen Folgen des Giftgaseinsatzes an der Westfront weder ihren Mann noch die Wissenschaftskollegen davon abhalten, an den Massenvernichtungsmitteln weiterzuarbeiten, erschießt sie sich im Mai 1915 im Garten ihres Hauses.

Auch Mütter widersetzen sich dem blinden Gehorsam. Als immer mehr Familien um ihre gefallenen Männer trauern, suchen sie nach Mitteln und Wegen, ihre Söhne zu beschützen. So verhilft die Schriftstellerin und Lebenskünstlerin Franziska zu Reventlow ihrem Sohn Rolf während eines Fronturlaubs zur Flucht in die Schweiz, um ihn vor dem erneuten Einsatz an der Front zu bewahren. Wie viele seiner Generation war er willig in den Krieg gezogen und nach den schrecklichen Erfahrungen an der Front zum Pazifisten geworden.

Jane Addams und weitere Mitglieder der amerikanischen Delegation auf der S. S. Noordam auf dem Weg zum Frauenfriedenskongress in Den Haag, 1915.

> »Ich begreife es nicht, dass das Leben ohne Karl
> und Rosa seinen Gang weitergehen kann, dass draußen die
> Sonne scheint. Mathilde, Mathilde, werden wir es tragen
> können, ohne die beiden, ohne Rosa zu leben?«

CLARA ZETKIN in einem Brief an Mathilde Jacob

Rosa Luxemburg

5. März 1871 – 15. Januar 1919

Am Abend des 15. Januar 1919 werden die beiden Sozialistenführer Karl Liebknecht und Rosa Luxemburg in Berlin von rechtsgerichteten Freicorps-Soldaten der Reichswehr ermordet. Als Clara Zetkin davon erfährt, schreibt sie diese erschütternden Zeilen an Mathilde Jacob, Rosa Luxemburgs Sekretärin und Freundin.

In den letzten Lebensjahren, die Rosa Luxemburg hauptsächlich im Gefängnis verbracht hat, ist Mathilde Jacob die engste Vertraute Rosa Luxemburgs gewesen. Sie besucht die Inhaftierte im Berliner Weibergefängnis und auch nach ihrer Verlegung in der Festung Wronke bei Posen sowie zuletzt in Breslau. Sie erfüllt Bücherwünsche, kümmert sich um die Kleidung, organisiert Diätessen für die magenkranke Rosa, nimmt die geliebte Katze Mimi in Pflege, versorgt Rosa mit politischen Informationen und schmuggelt Manuskripte aus dem Gefängnis. Auch unter den extremen Bedingungen der Haft wird Rosa Luxemburg nicht müde, im Kampf für eine gerechtere, sozialistische Welt gegen die Burgfrieden-Politik der SPD anzuschreiben, die im Angesicht des Krieges ihre innenpolitischen Ziele hintangestellt hat.

1916 erscheint unter dem Pseudonym »Junius« Rosa Luxemburgs im Gefängnis verfasste berühmte Broschüre *Die Krise der Sozialdemokratie* mit einer umfassenden Analyse der Ursachen des Ersten Weltkriegs und einer scharfen Abrechnung mit den Verursachern: »Geschändet, entehrt, im Blute watend, von Schmutz triefend – so steht die bürgerliche Gesellschaft da, so ist sie. Nicht, wenn sie, geleckt und sittsam, Kultur, Philosophie und Ethik, Ordnung, Frieden und Rechtsstaat mimt – als reißende Bestie, als Hexensabbat der Anarchie, als Pesthauch für Kultur und Menschheit, so zeigt sie sich in ihrer wahren, nackten Gestalt. [...] Mitten in diesem Hexensabbat vollzog sich eine weltgeschichtliche Katastrophe: die Kapitulation der internationalen Sozialdemokratie.«

»Die Abschaffung der Kapitalherrschaft, die Verwirklichung der sozialistischen Gesellschaftsordnung: dies und nichts Geringeres ist das geschichtliche Thema der gegenwärtigen Revolution.
Ein gewaltiges Werk, [...] das nur durch höchste geistige Reife und unerschöflichen Idealismus der Volksmassen durch alle Stürme glücklich in den Hafen gebracht werden kann.«

ROSA LUXEMBURG in der *Roten Fahne*, 18. November 1918

Bereits auf dem Mädchengymnasium in Warschau hat sich die aus einer wohlhabenden polnischen Familie stammende Rosa für sozialistische Ideen begeistert, denn schon früh schärften sich ihre Sinne für die Unterdrückung des einfachen Volkes im russischen Zarenreich, zu dem damals auch Ostpolen und Warschau gehörten. Als Jüdin und infolge eines Hüftschadens gehbehindert, hat sie früh lernen müssen, sich gegen die Vorurteile ihrer Umwelt durchzusetzen – und das gelingt ihr durch ihre bemerkenswerte, später von einem Kommilitonen beschriebene Intelligenz: »Auf den ersten Blick machte sie keinen erfreulichen Eindruck. Aber es dauerte nicht lange, und man sah eine Frau, die vor Leben und Geist barst und mit einem bemerkenswerten Intellekt ausgestattet war.« Durch ihre Mitarbeit in der illegalen polnischen Arbeiterpartei von der Verhaftung bedroht, geht Rosa Luxemburg nach dem Abitur ins schweizerische Exil, studiert Philosophie, Geschichtswissenschaft, Politik, Ökonomie und promoviert 1897 mit summa cum laude. Zürich ist zu jener Zeit der Ort, an dem viele der in Russland und Polen verfolgten Sozialisten zusammentreffen. Die Begegnung und die Diskussionen mit den bedeutenden Sozialistenführern ihrer Zeit bestärken Rosa in der Überzeugung, die Welt besser machen zu können. Fortan widmet sie sich ausschließlich der Politik. Dabei wird der polnische Revolutionär Leo Jogiches ihr Partner und Mitstreiter, wenn auch ihre Liebe nicht ohne Krisen und Trennungen verläuft. 1898 geht Rosa nach Berlin, um in der SPD tätig zu werden. Jogiches zögert einen Umzug hinaus – bis Rosa, von Jogiches nach schweren inneren Kämpfen schließlich getrennt, sich neu verliebt. Kostja, der 21-jährige Sohn Clara Zetkins, gibt der 36-Jährigen durch seine Liebe eine Unbeschwertheit zurück, die sie in vollen Zügen genießt, wenn auch Jogiches immer ihr wichtigster Gefährte in der politischen Arbeit bleibt.

Dass die Reichstagfraktion der SPD mit dem Ausbruch des Ersten Weltkriegs für die Kriegskredite stimmt, damit kann Rosa Luxemburg sich nicht abfinden. Gleich am nächsten Tag gründet sie mit weiteren sechs Vertretern der SPD-Linken die »Gruppe Internationale«, der sich auch Karl Liebknecht anschließt. Gemeinsam versuchen sie, ihre Partei zur Abkehr von der Burgfrieden-Politik zu bewegen, und planen einen internationalen Generalstreik für den Frieden, in der Hoffnung, so einer länderübergreifenden proletarischen Revolution näherzukommen und dem imperialistischen Krieg ein Ende zu machen. Eine Illusion, wie sich schnell herausstellt. Dennoch verfolgt Rosa gemeinsam mit Karl ihre konsequent klassenkämpferische Haltung und versäumt keine Gelegenheit, auf Kundgebungen und Versammlungen öffentlich gegen den Krieg aufzutreten und in der Presse dagegen anzuschreiben – was sie schließlich für mehrere Jahre hinter Gitter bringt.

Als Rosa Luxemburg während der Novemberrevolution 1918 aus dem Gefängnis in Breslau entlassen wird, eilt sie umgehend nach Berlin. Gemeinsam mit Karl Liebknecht gibt sie die Zeitung *Die Rote Fahne* heraus, um täglich auf das revolutionäre Geschehen Einfluss zu nehmen. Als der von Revolutionären mit der Regierung bestimmte Rat der Volksbeauftragten unter der Führung des SPD-Politikers Friedrich Ebert die Reichswehr gegen die weiterhin aufständischen linken Spartakisten schickt, trennen sich diese endgültig von der SPD und gründen am 1. Januar 1919 die Kommunistische Partei (KPD) mit Rosa Luxemburg und Karl Liebknecht an der Spitze. Im Januar brechen erneut Kämpfe aus, woraufhin eine wahre Hetzjagd rechter Gruppierungen der Reichswehr auf sie einsetzt. Täglich wechseln Rosa Luxemburg und Karl Liebknecht ihren Aufenthaltsort, werden aber am 15. Januar in einer Wohnung in Berlin-Wilmersdorf aufgespürt, festgenommen und ins Hotel Eden gebracht. Dort befindet sich das Hauptquartier der Garde-Kavallerie-Schützen-Division. Tags darauf heißt es offiziell, Rosa Luxemburg sei während des Transports ins Gefängnis von der aufgebrachten Menge erschlagen worden.

Am 12. Februar benennt Leo Jogiches in der *Roten Fahne* die Schuldigen. Am 10. März wird auch er ermordet. Im Leichenschauhaus wird ihn Käthe Kollwitz – auf die Bitte von Mathilde Jacob hin – zeichnen. Auch vom toten Karl Liebknecht gibt es eine Zeichnung der Künstlerin. Die Leiche Rosa Luxemburgs findet man erst am 31. Mai 1919. Am 13. Juni wird sie auf dem Friedhof in Berlin-Friedrichsfelde beigesetzt, dort wo schon Karl Liebknecht und weitere im Januar Erschossene begraben liegen. Die Abschiedsworte spricht unter anderen Clara Zetkin.

»Wo nehmen alle die Frauen, die aufs Sorgfältigste über das Leben ihrer Lieben gewacht haben, den Heroismus her, sie vor die Kanonen zu schicken?«

KÄTHE KOLLWITZ kurz nach Kriegsausbruch in ihrem Tagebuch

Käthe Kollwitz

8. Juli 1867 – 22. April 1945

Am 27. August 1914 notiert Käthe Kollwitz diesen Satz. Zwei Wochen zuvor hat sich Peter, der jüngere ihrer beiden Söhne, freiwillig für den Einsatz an der Front gemeldet. Trotz der Angst, ihren Sohn zu verlieren, geben die Eltern dem noch nicht Volljährigen widerstrebend die erforderliche schriftliche Erlaubnis. Gegen den Überschwang seiner patriotischen Gefühle kommen auch sie nicht an. Am darauf folgenden 10. Oktober hängen auch sie, »Sozialdemokraten, die wir bewusst sind und bleiben«, erstmals die schwarz-weiß-rote Fahne des Kaiserreichs heraus. Es ist der Tag der Einnahme Antwerpens durch deutsche Truppen ebenso wie der Vereidigung Peters, und Käthe Kollwitz sieht ein: Das Vaterland muss verteidigt werden. Nur wenige Wochen später, am 22. Oktober, fällt Peter Kollwitz, gerade 18 Jahre alt.

Lange ist Käthe Kollwitz von ihrem Schmerz wie gelähmt. Immer wieder stellt sie sich die Frage, ob sie recht getan haben, ihren Sohn ins Feld ziehen zu lassen – und wofür? Doch dann verbietet sie sich solche Gedanken wieder, denn »die Soldaten stehn im Feld und geben ihr Leben, dann wollen sie nicht angezweifelt haben, ob es sich auch lohnt für diese Sache [...]« Ein Denkmal will sie Peter schaffen, ihm und all den jungen Männern, die ihr Leben geben für das Vaterland. Auf den Höhen von Schildhorn über der Havel soll es stehen und bei seiner Einweihung an einem herrlichen Sommertag sollen die Gemeindeschulkinder singen »Kein schönrer Tod ist auf der Welt als wer vorm Feind erschlagen«. So plant Käthe Kollwitz es Ende 1914.

Eine solche Glorifizierung des Heldentods überrascht, verehren wir Käthe Kollwitz heute doch eingedenk ihres ausdrucksstarken künstlerischen Werks als eine Protagonistin der Antikriegsbewegung. Weltweit kennt man ihre Grafik mit der eindringlichen Forderung »Nie wieder Krieg« als einen Aufschrei gegen Gewalt, der keinen Zweifel an der pazifistischen Haltung der Künstlerin lässt. Es entsteht 1922, und sie schreibt: »Ich will wirken in dieser Zeit, in der die Menschen so ratlos und hilfsbedürftig sind.«

Bis hierher ist Käthe Kollwitz einen steinigen, von inneren Widersprüchen gepflasterten Weg gegangen. Sie hat sich intensiv mit der künstlerischen Gestaltung des Denkmals für ihren gefallenen Sohn auseinandergesetzt, doch es mag ihr nicht gelingen. Während das Sinnlose des Krieges immer deutlicher hervortritt, ringt sie um eine klare politische Haltung und findet in ihrem Zwiespalt trotz vieler Versuche zu keiner endgültigen Form.

1916 formuliert Käthe Kollwitz erstmals klar ihre Zweifel an der Berechtigung und Sinnhaftigkeit des Krieges, wenn sie schreibt: »Ist es jetzt treulos gegen dich – Peter – dass ich nur noch den Wahnsinn jetzt sehen kann im Kriege?« Und an anderer Stelle: »Peter, Erich, Richard, alle stellten ihr Leben unter die Idee der Vaterlandsliebe. Dasselbe taten die englischen, die russischen, die französischen Jünglinge. Die Folge war das Rasen gegeneinander, die Verarmung Europas am Allerschönsten. Ist also die Jugend in all den Ländern betrogen worden?«

»Wie war mein Leben stark in Leidenschaft, in Lebens-
kraft, in Schmerz und Freude. [...] Dann kam der
Krieg. Das in die Höhegerissenwerden durch die Jungen.
Das Opfer Peters. Mein Opfer Peters. Sein Opfertod.
Und dann fiel ich auch. Fortgerissen noch durch die
Entwicklung des Schmerzes und der Liebe, sank ich
allmählich ins Leben zurück. Es blieb Schmerz um ihn.
[...] Ich geh im Halbdunkel, nur selten Sterne, die
Sonne lange und ganz untergegangen.
Die Füße sind müde und die Glieder schwer und der
Kopf hebt sich nicht hoch. Ich hab gemeint und auch
daran geglaubt, dass die Zeit von 1914 bis jetzt
mich läutern würde. Der Schmerz hat Müdigkeit zurück-
gelassen. Es ist ja auch nicht allein Peter.
Es ist der Krieg, der einen bis auf den Boden drückt.«

KÄTHE KOLLWITZ in ihrem Tagebuch, 1. Juli 1918

Käthe Kollwitz mit ihren Söhnen
Hans und Peter, um 1909.

Im Oktober 1918 schließlich fordert sie – ohne jeden Zweifel: »Es ist genug gestorben! Keiner darf mehr fallen!«

Sie wendet sich neben der Bildhauerei wieder verstärkt der Grafik zu, in der es ihr nun eindrucksvoll gelingt, das unendliche Leid des Krieges in eine mahnende Form zu bannen. 1922/23 stellt sie die Holzschnittfolge *Krieg* fertig. Das Monument für Peter wird nie vollendet. Über ein Jahrzehnt später erfolgt die Aufstellung der *Trauernden Eltern*, zweier Figuren, die 1932 ihren Platz auf dem belgischen Soldatenfriedhof in Roggevelde bei Dixmuiden finden, genau dort, wo 18 Jahre zuvor der Sohn gestorben ist.

Über ein halbes Jahrhundert wohnt die Familie Kollwitz in der Weißenburger Straße 25 (heute Kollwitzstraße 56A) im Berliner Arbeiterbezirk Prenzlauer Berg. Hier erlebt Käthe Kollwitz zwei Kriege, hier hat sie vom Tod ihres Sohnes Peter erfahren – und 1942 auch vom »Heldentod« ihres Enkels, der den Namen ihres jüngsten Sohnes trug. 1922 hatte Käthe Kollwitz ihn mit den Worten begrüßt: »Nun sind wir Großeltern und ein Mensch ist da, ein neuer aus der Hand Gottes. Liebes Kind, das Peters Namen trägt, Segen, Segen über Dich!« 1942 dann, nach seinem Tod, notiert sie in ihr Tagebuch: »Es hilft eben nichts. Von einer solchen Wunde kann man sich nur selbst – von innen heraus – heilen.« Im selben Jahr vollendet sie ihre letzte Lithografie – eine alte Frau, die drei Kinder unter sich und unter ihrem Mantel verbirgt und ihre Arme schützend über sie ausbreitet: »Das ist nun einmal mein Testament: *Saatfrüchte sollen nicht vermahlen werden* [...] diese Forderung ist wie *Nie wieder Krieg* kein sehnsüchtiger Wunsch, sondern Gebot. Forderung.«

»Die Pflicht über alles – über Liebe, Hoffnung, Glück.
Und das Liebste hergeben zum Schutz des Vaterlandes –
das ist die Kriegspflicht der Frauen.«

Aus: *Der Krieg und die Frauen*, 1913

Thea von Harbou

27. Dezember 1888 – 1. Juli 1954

Wer kennt heute noch Thea von Harbou? Cineasten vielleicht, denn Harbou war Autorin zahlreicher Drehbücher. Unter anderem lieferte sie in den Zwanzigerjahren die Vorlagen zu berühmten Stummfilmen, wie zu Fritz Langs *Die Nibelungen*, *Metropolis* oder *Frau im Mond*.

Dass Thea von Harbou während des Ersten Weltkriegs eine der meistgelesenen deutschen Unterhaltungsschriftstellerinnen gewesen ist, weiß kaum jemand mehr. Dabei werden bis Ende 1918 von ihrem Buch *Der Krieg und die Frauen* immerhin 100 000 Exemplare gedruckt.

Daran kommt keine der vor 1914 populären Autorinnen, die sich der Kriegsthematik annehmen, auch nur annähernd heran.

Überraschend an Thea von Harbous Bestseller *Der Krieg und die Frauen* ist das Erscheinungsjahr 1913, denn in den einzelnen Erzählungen nimmt sie visionär die Kriegswirklichkeit des folgenden Jahres vorweg. So entspricht zum Beispiel ihre Erzählung vom Tag des Kriegsausbruchs so sehr dem tatsächlichen Ereignis, dass Kritiker späterer Auflagen sie als eine stimmungsvolle Reportage werten. Und der Kaiser, glaubt man einer Anekdote von Theas Mutter Clotilde, nennt die Autorin eine Prophetin; er lässt ihr – das ist belegt – »Allerhöchstseinen« Dank aussprechen. Lob bekommt sie auch von Gertrud Bäumer, der Vorsitzenden des Bundes deutscher Frauenvereine. Diese hebt in ihrer Besprechung vor allem die Gestaltung der weiblichen Opferrolle hervor, die sich in allen Texten Thea von Harbous wiederfindet und auch für die Frauenbewegung ein zentrales Thema ist. So weiß die Protagonistin der ersten Novelle in Harbous Buch, *Drei Tage Frist*, »dass nichts auf der Welt den Wert und die Größe eines Volkes klarer zeigt als die Entschlossenheit zum Kriege, wo seine Ehre auf dem Spiel steht. Denn der Adel eines Volkes wächst in dem Maße, in dem es sich selbst der Allgemeinheit zum Opfer bringt. Und das ist es, was den Kampf ums Vaterland verklärt: die Selbstlosigkeit der Hingabe, die keine Grenzen hat.«

Thea von Harbou selbst bleibt im wirklichen Leben allerdings von solchen Opfergaben verschont, muss keinen Mann und auch keinen Sohn hergeben. Ihre Verpflichtung münzt sie kurzerhand um, wie aus einem Brief mit der Bitte um weiteren Vorschuss an ihren Verlag hervorgeht: »Ich glaube das [die Versorgung mittelloser Verwandter] meinem Vaterlande schuldig zu sein, da ich nicht, wie andere Frauen, meinen Mann für den Krieg – wenigstens nicht an der Front – hergeben muss. Solche übernommenen Pflichten sind Ehrenpflichten und die gibt man nicht auf.«

Geboren wird Thea von Harbou 1888 auf dem Rittergut Tauperlitz nahe der fränkischen Stadt Hof. Von den fünf Kindern der Eheleute Theodor und Clotilde von Harbou überleben nur Thea und ihr älterer Bruder Horst. In seiner Rolle als Gutsbesitzer macht der Vater, Baron Harbou, keine besonders glückliche Figur, die Bewirtschaftung läuft nicht gut. So muss sich die Familie gezwungenermaßen an ein Lavieren in finanziellen Angelegenheiten gewöhnen – was aber nicht zugleich den Verzicht auf einen angemessenen Lebensstil bedeutet. Ihn beizubehalten ist Thea von Harbou auch im späteren Leben bestrebt, und das fällt ihr nicht immer leicht. Zwar verdient sie als Autorin und Drehbuchschreiberin beträchtliche Summen – gibt sie aber auch gerne wieder aus.

Tauperlitz muss die Familie aufgeben, man zieht nach Vogelsang in die Sächsische Schweiz und schließlich nach Niederlößnitz bei Dresden. Von 1895 bis 1902 besucht Thea von Harbou das dortige Luisenstift, bevor Mutter und Großmutter den Unterricht übernehmen. Der Hang zur Schriftstellerei zeigte sich bei Thea schon recht früh: Im Alter von neun Jahren veröffentlicht sie eine Katzengeschichte in der *Dresdner Zeitung* und startet zugleich ihre ersten Versuche als Dramatikerin. Die Begeisterung für das Theater mündet dann zunächst in die Schauspielerei. Im September 1906 debütiert sie am Schauspielhaus Düsseldorf in der Rolle der barmherzigen Schwester in Maurice Maeterlincks *Die Ungebetene*, es folgen Engagements am Weimarer Hoftheater (1908 bis 1910), am Vereinigten Stadttheater Chemnitz (1911–1913) und am Stadttheater Aachen. Im März 1914 steht sie dort das letzte Mal als Shakespeares Lady Macbeth auf der Bühne.

Während ihrer Bühnenlaufbahn ist Thea von Harbou zugleich schriftstellerisch tätig, und der Erfolg der Novellensammlung *Der Krieg und die Frauen* ermöglicht ihr, sich ganz darauf zu konzentrieren. Alle

ihre Werke erscheinen unter ihrem Mädchennamen, obwohl sie 1914 den Schauspieler Rudolf Klein-Rogge heiratet und 1922 eine zweite Ehe mit dem Filmregisseur Fritz Lang eingeht, die 1933 geschieden wird.

Thea von Harbou bleibt zeitlebens eine »patriotische Autorin«. Mit pazifistischen Ideen kann sie sich nicht anfreunden, und als ihr die Pazifistin Doris Wittner 1914 vorwirft, sie spinne in friedsamen Schreibstuben blutrünstige Amazonenträume, reagiert sie in einem Brief an ihre Mutter dementsprechend grob: »Bis auf die dämliche Frauenrechtlerin, die Doris Wittner, hat mich noch jede Besprechung in den Himmel gehoben.«

Auch das nationalsozialistische Denken lässt sich später gut mit ihrem mitunter unkritischen Pflichtgefühl gegenüber dem Vaterland verbinden. Und wiederum von Pflichtgefühl ist sie bestimmt, als sie nach dem Zusammenbruch des »Dritten Reiches« bei einer Baufirma ihren Beitrag zu Deutschlands Wiederaufbau leistet.

Auf einem Ball der Spitzenorganisation
der deutschen Filmindustrie, v. l. Willy Fritsch,
Gerda Maurus, Fritz Lang, Thea von Harbou, 1930.

Briefe und Feldpost:
Warten auf Nachricht

Briefe und Postkarten waren für die Soldaten und ihre Familien daheim über viele Monate die einzige Verbindung. Sehnsuchtsvoll wurden sie von beiden Seiten erwartet, auch wenn sie noch so kurze Nachrichten enthielten. Die Feldpost konnte portofrei aufgegeben werden und insgesamt wurden im Verlauf des Krieges in beide Richtungen etwa 28,7 Milliarden Sendungen verschickt. Es gibt Briefe, in denen die Soldaten aufmunternde Siegesmeldungen an ihre Angehörigen sandten, andere wiederum schrieben sehr ausführlich aus dem »Menschenschlachthaus«. Ein Großteil der Soldaten allerdings berichtete nur wenig von dem grauenvollen Erleben an der Front nach Hause, zum einen

wegen der Zensur, zum anderen aber auch, um die Angehörigen nicht zu sehr zu beunruhigen. Verstärkt griffen die Soldaten deshalb zu illustrierten Feldpostkarten. Massenhaft wurden Bildpostkarten mit verträumt blickenden Kriegerfrauen oder heroischen Feldgrauen zwischen Front und Heimat verschickt. Platz war hier nur für kurze Sätze wie »Es geht mir gut. Ich bin gesund«. Die Frauen setzten ihre Männer derweil durchaus in Kenntnis, welche Not sie allein mit den Kindern litten – über solche »Jammerbriefe« beschwerten sich die Militärbehörden, die darin eine Beeinträchtigung der soldatischen Kampfmoral sahen. Dennoch wurde gerade zum Ende des Krieges in den Briefen sichtbar, wie sehr die Soldaten an der Front und auch ihre Frauen den Frieden herbeisehnten.

Auszüge aus Briefen einer französischen Lazarettschwester an die Mutter eines verwundeten deutschen Soldaten. Abgedruckt in der Zeitschrift *Die Dame*, Dezember 1915:

»Geehrte Frau!
Erschrecken Sie nicht, dass Sie diesen Brief erhalten, denn Ihrem Sohn geht es gut, und er ist keineswegs in Gefahr. Er hat Ihre Briefe empfangen und die Pakete, die Sie ihm geschickt haben, und ist sehr überrascht, dass Sie nichts von ihm erhalten haben, denn er hat Ihnen mehrere Male geschrieben, um Ihnen Nachricht von sich zu geben. Er ist am Unterleib verwundet, seine Verwundung erfordert vollständige Ruhe, und ich kann Ihnen die Versicherung geben, dass er hier gut versorgt ist.
Ich bin Französin, liebe tief mein Vaterland, und ich würde vollständig unfähig sein einer Handlung und eines Gedankens, die dem entgegenstehen, was ich ihm schulde. Aber gegenüber den Leiden, noch dazu, weil es sich um Wesen handelt, die mehr Kinder als Männer sind, erinnere ich mich, dass auch ich Mutter bin, dass mein Sohn in diesem Augenblick kämpft, und von tiefstem Mitleid ergriffen, behandle ich jene Unglücklichen, wie ich möchte, dass mein Sohn, wenn er verwundet oder gefangen würde, auch behandelt würde, und suche die abwesende Mutter zu ersetzen, die in der Ferne weint und sich beunruhigt. [...] Ihr Sohn hat gestern früh eine neue Operation durchgemacht, um Überreste

von Kleidern zu entfernen und um die Bildung eines Geschwürs zu verhindern, und diese Operation hat ihn geschwächt und abgespannt. Gestern Abend stand er noch unter der Einwirkung der Narkose, und ich habe versucht, ihn durch mütterlichen Zuspruch zu ermutigen. Sein Kopf lag auf meinem Arm, seine Hand lag in der meinigen. Er sprach zu mir von Ihnen, die er so sehr liebt, und ich habe ihm versprochen, an Sie zu schreiben.

[...] Infolge von Verhältnissen wird es für mich jetzt schwerer sein, Ihren Sohn zu sehen, obwohl er immer im Krankenhaus ist, aber ich sehe mehrere Male des Tages die Pfleger, die für ihn sorgen, ich kann so alle Nachrichten von ihm haben und Ihnen das übermitteln für den Fall, dass seine Briefe Sie nicht erreichen sollten, was ich mir nicht erklären könnte.

Als Feinde müssen wir uns hassen, Madame, aber als Mütter drücken wir uns die Hand, wenn Sie es wollen, denn wir weinen beide.«

Julius Boldt meldet sich nach Ausbruch des Krieges zum Militär und überträgt seiner 14 Jahre jüngeren und schwangeren Frau Johanna die Führung des eigenen Ladens. Im Folgenden Auszüge aus verschiedenen Briefen:

»Gestern war es eine Woche, dass Du weg bist von mir, mich dünkt es schon so lange. Und wenn ich dann daran denke, wie viele Wochen es noch dauern kann, dann – na denken will ich gar nicht daran. Bei mir und in mir ist nur ein Wunsch: Lass es dauern, so lange, wie es will, nur komm wieder. Lass mich und das Pottchen nicht allein.«

[War eine Frau verheiratet und hatte ein Kind, hieß es damals in Hamburg: Sie hat ihren Pott.]

JOHANNA AN JULIUS, August 1914

»Gestern hatte ich so die Stimmung, in der man sich am liebsten mal ausweint und jemandem sein Herz ausschüttet. Das habe ich auch redlich getan. Hast Du's gehört? (Nein! Freut mich!) Einen langen Brief habe ich geschrieben abends 11 Uhr, als alles schlief und Dir mein ganzes Herz ausgeschüttet. Und heute habe ich den Brief weggesteckt und mir gesagt, so, der kommt nicht fort.

[...] Meinetwegen kannst Du ihn lesen, wenn wir wieder beisammen sind – aber vorläufig lass ihn nur liegen. Du brauchst es nicht zu wissen, dass Deine Frau mitunter doch recht verzagt ist, trotzdem die Leute sich wundern, wie tapfer ich durchhalte. Da ist eine große Sehnsucht nach der einzigen Seele, die mich verstanden hat und die mich verstehen kann – und der Mensch, dem diese Seele gehört, der ist so weit, weit fort. Aber er kommt wieder, das ist mein Trost und dann ist das Verstehen noch mal so schön. Meinst Du nicht auch Schatzel?«

»Mein lieber August!
Wir haben ein paar schwere und sehr wenig schöne Tage hinter uns. [...] Um 1½ bekam ich die Feuertaufe und zwar gleich Infanterie- und Artillerie-Feuer auf einmal. Eigentümlicherweise ließ es mich völlig kalt. Blitzartig dachte ich an ›zu Hause‹, sodann ein Blick gen Himmel und rein in die Schützenlinie. Der Krieg ist etwas sehr, sehr schreckliches. Wenn die Verwundeten jammern, krampft sich das Herz zusammen. [...] Da es für uns Landwehrleute jedenfalls noch recht viel zu tun gibt, möchte ich Dich bitten, den einliegenden Trauring

in Verwahrung zu nehmen und ihn meiner Frau Hanne als letztes Andenken von mir zu übergeben, sobald Du völlige Gewissheit hast, dass ich nicht mehr wiederkomme. Sag Hanne und Mutter auch nichts von dem Geschriebenen. Die machen sich nur unnütze Gedanken. Ich werde stets nur harmlose Berichte geben [...]«

JULIUS AN SEINEN BRUDER, 30. August 1914

»Lieb Schatzel, eine große Bitte hab ich an Dich: Dein großer Patriotismus und Dein unerschütterlicher Mut sind ja sehr, sehr lobenswert. Nur denke auch ein ganz klein wenig an Weib und Kind. Ich meine damit, dass Du mir doch entschieden mehr Ruhe geben würdest, wenn ich Dich an weniger gefährlicher Stelle weiß. Ich begreife Dich wohl, wenn Du schreibst, dass Du Dein Vaterland gerne mit der Waffe in der Hand verteidigen willst. Die feindliche Kugel fragt nicht danach. Denke doch in dieser Beziehung ein wenig an mich. Dieses Bangen und Sorgen um einen lieben Menschen musst Du Dir doch auch vorstellen können [...]«

JOHANNA AN JULIUS, September 1914

»Lieber Schatzel, wie geht es Dir? Wo steckst Du? Nach den bisherigen Nachrichten nehme ich an, dass Du mitten auf dem östlichen Kriegsschauplatz weilst!«

»Immer und immer noch keine Nachricht! Trostlos! Man kennt nur noch eine Frage, die sich täglich wiederholt: Wie mag es Dir gehen? Wo magst Du sein? Und doch ist keine Nachricht immer noch besser als schlechte Nachricht.«

»Du Herzliebling, das war aber ein feiner Tag heute. 2 Briefe und 2 Karten an einem Tag, und zwar ein Brief aus Dietrichsdorf vom 2. 9., dann eine Karte vom 4. 9. aus Camerau, ein Brief vom 6. 9. aus Grabowo und eine Karte vom 7. 9. aus Muschaken. Das war eine Freude. Ich wünschte nur, Du könntest einmal sehen, wie wir vor Freude springen, wenn Feldpost kommt. Das ist das einzige, was mich überhaupt so vom Grunde des Herzens freudig stimmen kann. Dann lacht die Welt, dann lacht das Herz: ›Es geht Dir gut, Du bist munter und gesund!‹ Wenn wir nur das wissen, sind wir schon zufrieden.«

»Meine liebe Hanne,
nach 14-tägiger Eisenbahnfahrt ab Moskau sind wir hier im Militärlager eingetroffen. Ich habe den Transport gut überstanden und befinde mich wohl. Wir sind in großen Räumlichkeiten untergebracht. Essen und Behandlung sind gut. Das bevorstehende Weihnachtsfest wird dort wie hier keinen fröhlichen Charakter tragen. Ich wünsche Dir und den Kleinen ein gutes Fest und viel Glück im neuen Jahr. Harre tapfer aus. [...] Grüße alle Lieben daheim und sei Du und die kl. Brillanten auf das herzlichste geküsst von Deinem Jul.«
JULIUS AN JOHANNA, 17. Dezember 1914

»Es geht uns die traurige Mitteilung zu, dass Ihr Angehöriger, der sich in Krasnojarsk in russischer Gefangenschaft befand, der Wehrmann Julius Boldt, Inf. Reg. 84 8. Kompanie nach einer Liste, die wir von einer deutschen Schwester erhielten, am 16. April 1915 verstorben ist. Todesursache: Flecktyphus. [...]«
BRIEF DES HAMBURGISCHEN LANDESVEREINS DES ROTEN KREUZES
an Johanna Boldt, 22. Januar 1916

Lazarett, Fabrik, ungleicher Lohn

»Der gegenwärtige Krieg muss auch die Frauen hinausführen über vereinzeltes Tun oder zersplittertes Vereinswesen; er muss ihnen das ihrer Natur entsprechende Feld treuer Pflichterfüllung auch für die öffentlichen und vaterländischen Interessen nachweisen.«

GERTRUD BÄUMER
im *Kriegsjahrbuch des Bundes Deutscher Frauenvereine*, 1915

Während die Männer zu den Waffen gerufen werden, machen auch die Frauenverbände mobil. Mit ihrem Appell, an der Heimatfront für das Vaterland das Ihre zu leisten, wenden sie sich an all ihre Geschlechtsgenossinnen. Jede Frau, ob Krankenschwester, freiwillige Helferin, Arbeiterin, Wohlfahrtspflegerin oder Hausfrau, soll in unbedingter Pflichterfüllung ihren Beitrag für den Sieg leisten. Unzählige Frauen folgen diesem Ruf, erklären sich zu Dienstleistungen in sozialen Bereichen bereit, zum Beispiel in den Fürsorgeeinrichtungen des Nationalen Frauendienstes für junge Mütter, die nun alleine ihre Kinder ernähren müssen, in der Nahrungsmittelverteilung, in den Volksküchen oder beim Einpacken von Dingen wie Lebensmitteln oder Wollsocken für die Helden an der Front. Vor allem die Frauen in den Städten und insbesondere die jüngeren unter ihnen aus der Mittel- und Oberschicht melden sich freiwillig zur Pflege der Verwundeten.

Kriegsschwestern und Friedensengel

Die meisten der Freiwilligen haben keinerlei Erfahrung in der Krankenpflege und müssen daher für die Arbeit als Kriegshelferinnen einen sechswöchigen, vom Roten Kreuz organisierten Kurs absolvieren. Vorgesehen ist ihr Einsatz im Heimatgebiet; an den Verband- und Erfrischungsstellen auf den Bahnhöfen versorgen sie die Verwundeten oder unterstützen in Vereinslazaretten die Berufsschwestern. Die ersten Tage im Lazarett sind für viele Frauen, die mit heroischen Gefühlen ihren »Liebesdienst« – ein Begriff, der vom Nationalen Frauendienst gern für den freiwilligen Einsatz verwendet wird – angetreten haben, recht ernüchternd. Die kräftezehrende Pflege von Verwundeten hat nur wenig mit der romantischen Vorstellung eines treu sorgenden Engels in Schwesterntracht zu tun, wie es den Leserinnen in den Kriegsromanen begegnet. Bei so mancher Dame der Gesellschaft erlahmt der Eifer recht schnell – mit der Folge eines baldigen Rückzugs in den heimischen Luxus.

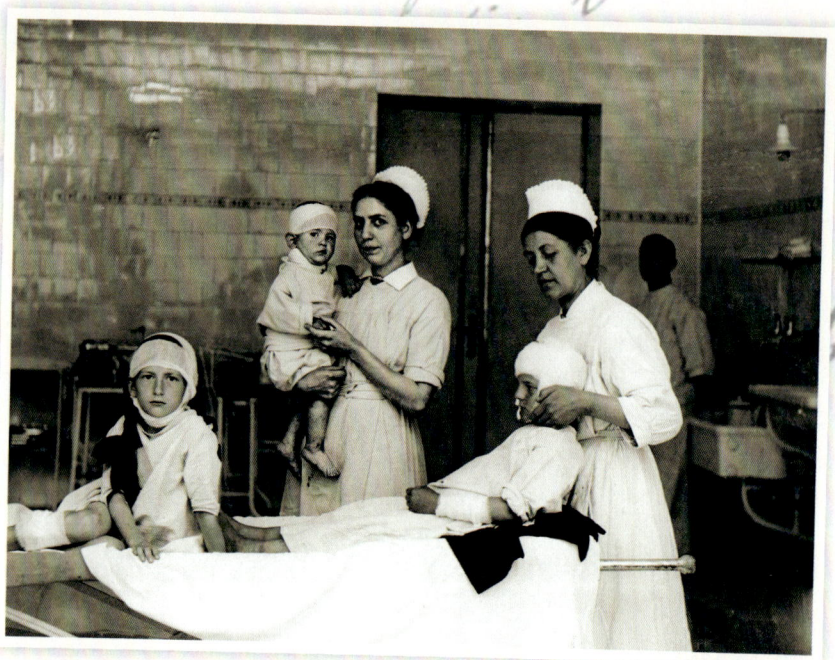

Zwei Krankenschwestern betreuen mehrere Kinder,
die bei Angriffen verletzt wurden, 1917.

Andere zeigen mehr Durchhaltevermögen und stellen sich
weiterhin aufopferungsbereit der Erfüllung vaterländischer Pflicht.
Nach einem halbjährigen Kurs übernehmen sie im Heimatgebiet zu
einem großen Teil die Aufgaben voll ausgebildeter Schwestern aus den
Reihen des Roten Kreuzes, der katholischen Orden oder der evangeli-
schen Diakonissen, die unterdessen als sogenannte Kriegsschwestern
in den Etappengebieten direkt hinter der Front zum Einsatz kommen.
Mit zunehmender Dauer des Krieges werden die Krankenschwestern
jedoch unabhängig von ihrem Ausbildungsgrad in den verschiedenen
Lazaretten eingesetzt; auch nur wenig qualifizierte Hilfsschwestern
müssen in der Etappe Dienst tun. In den Kriegslazaretten dort werden
die von der Front kommenden und in den Feldlazaretten zunächst not-
dürftig versorgten Verwundeten behandelt.

Die Konfrontation mit schlimmsten Verwundungen und leidenden Kreaturen, für die jede Hilfe zu spät kommt, übersteigt die Vorstellungskraft fast aller Frauen, selbst die der qualifizierten Schwestern. Den Vorbereitungen für ihren Einsatz bei der Krankenpflege lagen die Erfahrungen aus dem Deutsch-Französischen Krieg 1870/71 zugrunde, doch hat sich die Waffentechnik seither entscheidend weiterentwickelt. Schrapnellgeschosse, Granaten, Maschinengewehre und der Einsatz von Giftgas haben so grausame Verletzungen zur Folge, dass selbst routinierte Ärzte und Schwestern vor völlig neuen Herausforderungen stehen.

Von der Begeisterung, mit der die Massen im August 1914 den Kriegseintritt bejubelten, ist nach 1916 nur noch wenig zu spüren. Die erbarmungslose Realität des Krieges hat die schlimmsten Erwartungen übertroffen, und in den Schützengräben an den festgefahrenen Fronten verliert sich zunehmend der Glaube an den Sieg. Auch viele der Schwestern zweifeln angesichts des tagtäglichen Leids längst am Sinn des Krieges, und in dieser Stimmung geht es oft genug über ihre Kräfte, den Schwerverletzten und Sterbenden noch Trost zu spenden. Zudem wird ihre Opferwilligkeit bei dem oft 16 bis 18 Stunden dauernden Lazarettdienst auf eine harte Probe gestellt. In den Briefen und Tagebuchaufzeichnungen spürt man die immensen sowohl physischen als

auch psychischen Belastungen. So schreibt eine Diakonissenschwester in einem Kriegslazarett bei Verdun am 5. März 1916: »Das war eine schwere Woche, ganze Kolonnen Verwundeter wurden gebracht bei Tag u. Nacht. Manch einer war auf dem Transport gestorben. [...] Im Operationssaal arbeiten wir bis nachts 2 u. 4 u. diese Wunden! Ein großes Sterben ging durch unser Haus, in diesen 8 Tagen sind fast 50 Menschen bei uns gestorben. Und was für Elend blieb noch! O Gott, ich kann nicht mehr, es ist furchtbar!«

Und im selben Jahr notiert eine Schwester an der Ostfront: »Manchmal fällt noch das Gesicht eines der vielen Verwundeten und Kranken in meinen Blick und ich erkenne ihn als Einzelnen. Aber zumeist tue ich einfach meine Arbeit – und mache mich über diejenigen lustig, die noch meinen, das alles hätte einen Sinn. Ich bin müde, so müde. Und ich kann nicht mehr schlafen. Ich bin erschöpft, so erschöpft. [...] Bleiern hängen die Kriegsjahre an mir und zerren mich herunter. Ganz egal, wie, aber es muss ein Ende haben [...]«

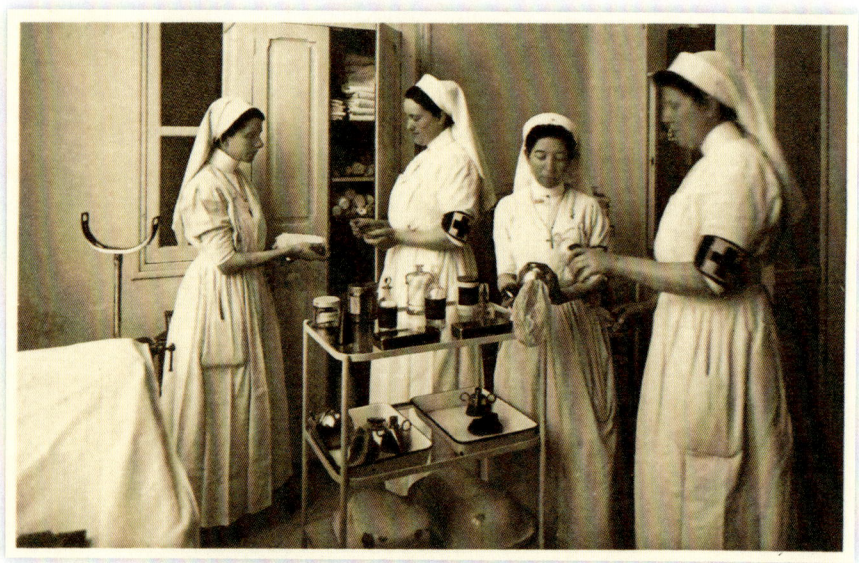

Frauen leisten
Schwerstarbeit in
Bergwerken.

»Liebesarbeit
im Innern«

Am 18. März 1916 verweist die promovierte Germanistin, Anglistin und Philosophin Agnes Harnack in der *Neckar-Zeitung* noch einmal auf die den Geschlechtern im Krieg »naturgemäß bestimmten Gebiete: der Mann ›hinaus ins feindliche Leben‹, die Frau zur stillen, helfenden, dienenden Liebesarbeit im Innern«. Im selben Jahr beginnt sie ihre Tätigkeit bei der innerhalb des Kriegsministeriums eingerichteten Frauenarbeitszentrale, zu deren Leiterin die Staatswissenschaftlerin und spätere FDP-Politikerin Dr. Marie-Elisabeth Lüders berufen wird. Vornehmliche Aufgabe dieser Zentrale ist der organisierte Einsatz von Frauen in den Rüstungsfabriken. Im Reichstag wird sogar die Einführung einer allgemeinen Dienstpflicht diskutiert – eine von der Heeresleitung angesichts der steigenden Verluste an Mensch und Material erhobene Forderung. In diesem sogenannten Hindenburg-Programm ist vorgesehen, die Periode des »improvisierten Einsatzes« von Frauen in der Rüstungsproduktion durch die Phase der »planmäßigen Organisation, Rekrutierung und Verwendung« abzulösen, denn der abgewandelte Bibelspruch »Wer nicht arbeitet, soll auch nicht essen« sei mehr denn je berechtigt, auch den Frauen gegenüber.

Sogar einige Funktionärinnen des Bundes Deutscher Frauenvereine sprechen sich für die Dienstpflicht aus, sehen sie doch darin ein Zeichen für die Gleichstellung der Frauen mit den Männern. Das aber ist von politischer und staatlicher Seite keineswegs so gewollt.

Die Mehrheit der Reichstagsabgeordneten stimmt dann auch gegen die Einbeziehung der Frauen in die Dienstpflicht, mit der Begründung, dass sie der naturgemäßen Arbeitsteilung widerspräche. Auch bestünde dafür nicht die Notwendigkeit, da für die Frauen der unteren Schichten der ökonomische Zwang, sich zu verdingen, als Druckmittel für die Arbeit in den Fabriken oder in anderen kriegswichtigen Einrichtungen völlig ausreichend sei. Diese Frauen erhalten zwar Unterstützung, wenn ihre Männer eingezogen, verwundet oder gefallen sind, doch können sie davon keineswegs ihre Kinder ernähren und sind deshalb auf die Erwerbstätigkeit angewiesen.

Bei den finanziell Bessergestellten besteht hingegen kaum die Bereitschaft, dem Vaterland freiwillig bei schwerer Fabrikarbeit zu dienen. Die Zahl der Lohnarbeiterinnen steigt im Krieg dann auch nicht in solchem Umfang, wie es die in den Zeitungen und Illustrierten publizierten Fotografien von Frauen in Männerberufen zunächst glauben machen: verglichen mit den Zahlen vom Juli 1914, gibt es im Juli 1918 etwa 17 Prozent mehr weibliche Beschäftigte. Viele der Proletarierfrauen haben schon vor 1914 mit für den Unterhalt der Familie sorgen müssen, verdienten das Geld jedoch in anderen Bereichen, wie der Textilbranche. Durch die Umstellung der gesamten Industrie auf kriegswichtige Güter wechselt ein Großteil von ihnen in die Metallindustrie. Darunter sind auch viele junge Frauen, die bis zum Krieg als Dienstmädchen angestellt waren – für sie bedeutete dies Dienst rund um die Uhr und Abhängigkeit von der Willkür der »Patronin«. Die

»Gleich dem Soldaten muss die Schwester unter allen Entbehrungen, schwerer Arbeit, Ansteckungsgefahr, kurz unter den schweren Bedingungen, ihre Freudigkeit und Zufriedenheit behalten, sie muss ihren Verwundeten Mut und Zuversicht einflößen durch ihre stetig gleich bleibende, aus festem Gottvertrauen hervorgehende Heiterkeit, durch ihre, alle Leidenden in gleicher Weise umfassende liebevolle Sorge und Pflege, sie soll ihre Pflegebefohlenen hindurchzuführen verstehen durch Stunden der Entmutigung, der Angst vor einer unsicheren Zukunft, der Sorge um die Ernährung ihrer Familie und muss dabei noch immer nur die Schwester bleiben! Darum eben braucht es für die Kriegskrankenpflege gereifter, selbstsicherer, innerlich starker und beruflich erfahrener Schwestern.«

AUS DER ZEITSCHRIFT

Die Schwestern vom Roten Kreuz,

Mai 1915

Propagandaplakat aus England:
»Diese Frauen leisten ihren
Beitrag. Lerne Munition
herzustellen.«

Dienstmädchen gehören deshalb wohl zu den wenigen, die die Arbeit in der Rüstungsfabrik für sich als Vorteil empfinden, denn auch wenn das Einkommen für ungelernte Arbeiterinnen niedriger ist als das der Männer, ist es doch wesentlich höher als zuvor – und die Fabrikarbeit ist für sie ein erster Schritt in die Unabhängigkeit.

Aber auch die Arbeiterinnen in den Munitionsfabriken und zunehmend in den Hüttenwerken, bei Straßen- und Eisenbahnbau und sogar unter Tage im Bergbau sind ungeheuren Belastungen ausgesetzt. Schon am 14. August 1914 wird ein sogenanntes Notgesetz erlassen, das die 1908 in der Gewerbeordnung festgeschriebenen Arbeitsschutzbestimmungen für Frauen außer Kraft setzt. Diese Bestimmungen waren das Ergebnis eines langwierigen, aber erfolgreichen Kampfes der Arbeiterinnen und der Frauenverbände, nach denen zum Beispiel Nachtarbeit für weibliche Beschäftigte verboten war und die tägliche Arbeitszeit auf zehn Stunden festgesetzt wurde. Jetzt aber ist jeder Arbeitgeber wieder berechtigt, solche Beschränkungen aufzuheben und Arbeitszeiten bis zu zwölf Stunden am Tag einzufordern – ebenso gesundheitsgefährdende Tätigkeiten zum Beispiel in der Chemieindustrie oder Schwerstarbeit im Bergbau. Viele Frauen sind dem nicht gewachsen, zumal sie zusätzlich unter der Doppelbelastung von Arbeit und Familie leiden und die Ernährungslage immer schlechter wird. Die Arbeitsleistung nimmt ab, die Zahl der Erkrankungen rapide zu. Im März 1916 fordern deshalb die sozialdemokratischen Frauen unter Luise Zietz die Aufhebung des Notgesetzes. Die Haltung der Regierung dazu macht Karl Helfferich, Staatssekretär des Innern, vor dem Reichstag deutlich: »Ich gebe zu, ein Stück Kapital von der Volksgesundheit werden wir opfern müssen und opfern wir, um den Krieg zu gewinnen.«

»Ich fürchte und schwinde nicht. Ich habe den Tod so oft gesehen, dass er mir nicht fremd oder beängstigend erscheint. Patriotismus ist nicht genug. Ich darf nicht Hass noch Bitternis gegenüber irgendjemandem empfinden.«

EDITH CAVELL am Abend vor ihrer Hinrichtung zu einem Geistlichen, 1915

Edith Cavell

4. Dezember 1865 – 12. Oktober 1915

Schwer bewacht von deutschen Soldaten, werden am Morgen des 12. Oktober 1915 die englische Krankenschwester Edith Cavell und der belgische Architekt Philippe Baucq aus dem Brüsseler Militärgefängnis zum Schießstand der Besatzungsmacht geführt. Man fesselt sie an einen Pfahl und verbindet ihnen die Augen. Nur wenige Meter entfernt steht das Erschießungskommando bereit, und als Baucq ruft »Devant la mort nous sommes tous des camarades« (Angesichts des Todes sind wir alle Kameraden), gibt ein wütender Offizier brül-

Edith Cavell, sitzend vorne rechts, mit den Schwestern der von ihr aufgebauten Schwesternschule im Brüsseler Berkendael Medical Institute, 1915.

lend den Feuerbefehl. Beide Delinquenten sind sofort tot. Der in der kaiserlichen Armee als Militärarzt dienende Schriftsteller Gottfried Benn nimmt die Toten nach der Exekution ab und lässt sie in die bereitstehenden Särge legen. Noch auf dem Militärgelände werden sie verscharrt.

Edith Cavell wächst als Tochter eines gestrengen Reverend in der englischen Grafschaft Norfolk auf. Das schmale, ein wenig schüchterne Mädchen ist sehr begabt und erhält eine umfassende Schulausbildung. Mit 25 Jahren nimmt sie in Brüssel eine Stelle als Gouvernante an. Nach fünf Jahren geht sie jedoch zurück nach Norfolk, um ihren erkrankten Vater zu pflegen. Dabei wird Edith Cavell sich ihrer wahren Bestimmung bewusst: Sie will helfen, will ihr Leben in den Dienst am Menschen stellen. So beginnt sie in London eine Ausbildung zur Krankenschwester. Sie lernt schnell und ist sehr engagiert, sodass man ihr schon bald Aufgaben mit großer Verantwortung überträgt. 1907 erhält Edith dann die Gelegenheit, im Brüsseler Berkendael Medical Institute eine Schwesternschule aufzubauen.

Als der Krieg ausbricht, hält sich Edith Cavell gerade bei ihrer Mutter in England auf, reist aber sofort ab, um zur Stelle zu sein, wenn sie in Brüssel gebraucht wird. Schon in den ersten Augusttagen überschreiten deutsche Truppen auf dem Marsch nach Frankreich die belgische Grenze – eine völkerrechtliche Verletzung der Neutralität

Belgiens, die den Eintritt Großbritanniens in den Krieg nach sich zieht. Mitte August flieht die belgische Regierung nach Antwerpen, und am 19. August ergibt sich Brüssel kampflos. Viele Belgier aber gehen in den Widerstand und wehren sich gegen die deutsche Besatzung. Die deutsche Armee reagiert mit Terror. Am 25. August zerstört sie den historischen Stadtkern der Stadt Löwen und ermordet über 200 Einwohner. Solche Vergeltungsschläge stoßen überall in der Welt auf Empörung, während Deutschland sie als Notwehr gegen die »Heimtücke der Belgier« propagiert.

Edith Cavell ist entsetzt über das Vorgehen der Deutschen, registriert aber zugleich, dass die deutschen Soldaten der Grausamkeit des Krieges ebenso ausgeliefert sind wie ihre Opfer. In dem Journal *Nursing Mirror* schildert sie ihre zwiespältigen Gefühle: Einerseits empfinde sie Mitleid für diese armen Männer, die so weit von ihrem Land und ihrem Volk entfernt sind und unter den Strapazen des Krieges leiden, andererseits spüre sie Hass auf einen grausamen und rachsüchtigen Feind, denn nichts verletze sie so sehr wie die Demütigung des stolzen, weltoffenen und glücklichen Volks der Belgier.

Das Berkendael Medical Institute wird zum Lazarett, in dem kriegsgefangene verwundete Soldaten verschiedener Nationalitäten – Belgier, Franzosen und Briten – gepflegt werden. Das Krankenhaus eignet sich hervorragend als Versteck für versprengte alliierte Soldaten, die der Gefangennahme entgehen und zu ihren Armeen zurückkehren wollen. Zum Teil schleust man sie mit Verbänden getarnt in die Krankensäle oder erklärt sie zum Hilfspersonal. Mithilfe einer Fluchthilfeorganisation gelangen sie von Brüssel aus über die grüne Grenze in die neutralen Niederlande. Irgendwann kommt jedoch der Zeitpunkt, an dem die Deutschen Verdacht schöpfen und das Berkendael Medical Institute nicht mehr aus den Augen lassen. Am 1. August werden zwei der Fluchthelfer festgenommen, darunter Philippe Baucq, in dessen Haus die Deutschen unter anderem 4000 Exemplare der Untergrundzeitschrift *La libre Belgique* und einen Brief an die Oberin Cavell beschlagnahmen. Fünf Tage darauf erfolgt die Verhaftung Edith Cavells. Statt alles abzustreiten, unterzeichnet sie ein Geständnis. Der Prozess gegen 35 Frauen und Männer, die man der Mitarbeit im Fluchthelfer-ring beschuldigt beginnt am 7. Oktober vor dem deutschen Kriegs-gericht in Brüssel. Gleich zu Anfang der Verhandlung wird deutlich, dass der Militärgouverneur von Brüssel als abschreckendes Beispiel für alle belgischen Widerständler hier ein Exempel statuieren will.

Edith Cavell ist angeklagt, dem Feind Mannschaften zugeführt zu haben – das bedeutet Hochverrat. Dennoch gibt sie die Fluchthilfe unumwunden zu. Ihr Beweggrund sei jedoch ein anderer gewesen, nämlich die Soldaten vor den häufig unmenschlichen Bedingungen in den Gefangenenlagern zu bewahren. Ihrem Verteidiger nimmt sie mit ihrer Offenheit jede Chance, ein mildes Urteil zu erwirken. Er erinnert sich später: »Sie sprach ohne Furcht, zwar leise, doch ihr entschlossener Blick bemeisterte die Schwäche ihrer Stimme. [...] Stolz und ruhig be-fleißigte sie sich vor allem in der Wahrheit, der Quäker Aufrichtigkeit, der Wahrheit um der Wahrheit willen.«

Die Urteile für alle 35 Angeklagten werden am Nachmittag des 11. Oktober verkündet, über sieben wird die Todesstrafe verhängt. Nicht einmal 24 Stunden später sind Edith Cavell und Philippe Baucq tot.

Noch am gleichen Tag plakatiert das deutsche Militär überall in Brüssel: »Das Urteil ist vollstreckt.« Doch die vom Gouverneur erhoffte Abschreckung verkehrt sich ins Gegenteil. Edith Cavell wird zur Märtyrerin. Ein Sturm der Entrüstung breitet sich weltweit aus. Die *New York Tribune* bezeichnet die Hinrichtung als das »größte Verbre-chen der Barbaren« und fordert US-Präsident Wilson auf, in den Krieg einzutreten. In England tragen die jungen Mädchen Trauerflor, und an einem einzigen Tag melden sich 10 000 junge Männer freiwillig zum Kriegseinsatz.

Im Frühjahr 1919 werden Edith Cavells sterbliche Überreste nach London überführt und in der Westminsterabtei aufgebahrt. Ihre letzte Ruhestätte erhält sie vor der Kathedrale in Norwich. 1923 errichten die Londoner Edith Cavell ein Denkmal, auf dessen Sockel ihre Abschieds-worte stehen: »Patriotism ist not enough«.

»Der Gedanke tut weh, dass die Menschheit nach so vielen Jahrhunderten der Entwicklung immer noch nicht gelernt hat, Schwierigkeiten anders als durch Gewalt zu lösen.«

Aus einem Brief MARIE CURIES an ihre Freundin
Hertha Ayrton, Herbst 1914

Marie Curie

7. November 1867 – 4. Juli 1934

Im Juli 1914 streift Marie Curie durch den Garten ihres neuen physikalischen Instituts in Paris, das kurz vor der Fertigstellung steht, und gibt Ratschläge zur Anlage des Rosengartens. Sie ist voller Vorfreude auf das neue, praktische und geräumige Labor. Nach so vielen Jahren wissenschaftlicher Forschung wird sie endlich eine Arbeitsstätte bekommen, wie sie und ihr Mann Pierre sie sich immer erträumt hatten. 1906 aber starb Pierre Curie überraschend an den Folgen eines Unfalls, drei Jahre nachdem das Paar für die Entdeckung der Radioaktivität gemeinsam mit dem Physiknobelpreis geehrt worden war. In der Zeit der Trauer über den Verlust ihres Mannes setzt Marie Curie dennoch ihre wissenschaftlichen Arbeiten fort. 1911 wird ihr für die Entdeckung

> *»Ich beschäftige mich nicht
> mit dem, was getan worden ist.
> Mich interessiert,
> was getan werden muss.«*
>
> MARIE CURIE

Marie Curie mit ihren Töchtern
Irène und Éve und einer Freundin
am 6. Juni 1915.

der Elemente Radium und Polonium ein zweites Mal der Nobelpreis
verliehen. Nun hofft sie auf weitere Fortschritte und Entdeckungen in
dem neuen Institut, muss sich jedoch schon einen Monat später vorerst
von ihren Plänen verabschieden. Am 3. August erklärt Deutschland
Frankreich den Krieg. Marie Curies jüngere Mitarbeiter gehen an die
Front, und die wissenschaftliche Forschung rückt in den Hintergrund.

Trotz ihrer kritischen Haltung gegenüber dem Krieg erklärt
Marie Curie sogleich ihre Bereitschaft, sich in den Dienst Frankreichs
zu stellen. Für einige ihrer Freunde kommt dies überraschend, denn
die französische Öffentlichkeit hat Marie in den Jahren nach Pierres
Tod übel mitgespielt. Ihre Liebesbeziehung zu dem jüngeren, verheirateten Kollegen Paul Langevin hatte eine überaus schmutzige Presse-
kampagne ausgelöst, in der sie sogar zum Verlassen des Landes aufge-
fordert worden war.

In den wirren Zeiten zu Kriegsbeginn, als man noch befürchtet,
die Deutschen könnten Paris einnehmen, bringt Marie Curie zunächst
den kostbaren französischen Radiumvorrat aus ihrem Institut in
Sicherheit. Allein reist sie mit einer 20 Kilogramm schweren Bleikiste
in überfüllten Zügen nach Bordeaux, wo sie die wertvolle Fracht in
einem Tresorraum der Universität unterbringt.

Nach ihrer Rückkehr wendet sie sich der Radiologie zu, um sich damit bei der Behandlung von Verwundeten nützlich machen zu können. 1914 ist die Röntgentechnik noch sehr jung, und so verfügen nur wenige medizinische Einrichtungen über eine entsprechende Ausstattung. Marie Curie ergreift die Initiative und lässt ungenutzte Geräte aus Praxen von eingezogenen Ärzten in Pariser Militärkrankenhäuser bringen. Weil es auch in den Feldlazaretten keine Röntgengeräte gibt, müssen viele der Verwundeten unter großem Aufwand nach Paris verlegt werden. Da hat Marie die Idee einer mobilen Röntgeneinheit, die auch in den Lazaretten hinter der Front zum Einsatz kommen kann. Sie lässt ein Automobil mit einem Generator ausstatten, der sich an die Autobatterie anschließen lässt. Die Röntgenröhre befindet sich auf einem beweglichen Gestell und lässt sich so bequem an den Einsatzort rollen. Schwierigkeiten bereiten die Militärbehörden, die an der Front zunächst keine weiblichen Fahrer oder Techniker dulden. Da aber die in den Schützengräben kämpfenden Männer für andere Dienste nicht mehr zur Verfügung stehen, geben die Verantwortlichen schließlich nach. Marie selbst steuert eines der Röntgenmobile. Mit einer Rotkreuzbinde am Arm fährt sie zu den Feldlazaretten, stellt – den Kanonendonner der Kampflinien im Ohr – die Klappliege auf, schaltet das Röntgengerät ein und kann den operierenden Ärzten zeigen, wo genau im Körper der Verwundeten sich die Kugeln oder Schrapnellsplitter befinden.

Mit Fortsetzung des Krieges und der steigenden Zahl von Toten und Verwundeten – im November 1914 werden schon 310 000 französische Soldaten als gefallen und über 300 000 als verletzt gemeldet – sind die zwei Mobile nur ein Tropfen auf den heißen Stein. Marie Curie beginnt mit der Unterweisung von Krankenschwestern im Umgang mit der neuen Technik und lässt weitere Röntgenmobile bauen. Im Verlauf des Krieges gehen insgesamt 18 dieser Fahrzeuge – von allen bald »Les Petites Curies« genannt – in Betrieb.

Unterstützt wird Marie Curie dabei zunehmend von Irène, der älteren ihrer beiden Töchter. Um sie aus dem Kriegsgeschehen herauszuhalten, waren beide zu Freunden nach England geschickt worden, doch die 17-Jährige fleht ihre Mutter an, sie möge ihr die Rückkehr nach Paris erlauben. Sie möchte unbedingt kriegswichtige Aufgaben übernehmen. Schließlich gibt Marie nach. Eingewiesen von ihrer Mutter, bedient Irène die Apparaturen nicht nur selbst, sondern repariert sie auch und bildet zudem hinter der Front Krankenschwestern aus. So kann ihre Mutter nach Paris zurückkehren und endlich ihr neues Labor in Besitz nehmen.

Auf Seiten des Gegners, in der österreichischen Armee, lässt sich eine ebenso berühmte Physikerin zur Röntgenassistentin ausbilden. Die in Wien geborene Lise Meitner war zuvor in der radioaktiven Abteilung am Berliner Institut für Chemie eine enge Mitarbeiterin Otto Hahns gewesen. Von Wien aus bricht sie im Juli 1915 als Röntgenschwester an die Ostfront auf. Vor dem Krieg wären Curie und Meitner beinahe Kolleginnen geworden, denn Lise Meitner hatte sich 1905 am Institut der Curies beworben. Zehn Jahre später nun hat der Krieg »Feindinnen« aus den beiden Wissenschaftlerinnen gemacht.

1916 geht auch Irène wieder nach Paris, wo sie am neuen Edith-Cavell-Krankenhaus Kurse für Röntgentechnikerinnen hält. 150 ausgebildete Frauen können von hier schließlich zu den Feldröntgenstationen geschickt werden und die dortigen Mediziner unterstützen. Als 1918 der Krieg zu Ende geht, beginnt Irène als Laborgehilfin im Radium-Institut ihrer Mutter.

In ihrer Laufbahn setzen sich offenkundig die Passion und der wissenschaftliche Erfolg der Eltern fort. Sie widmet sich der Forschung im Radium-Institut und heiratet 1925 mit Frédéric Joliot einen Assistenten Maries. Für die Entdeckung künstlicher Radioaktivität erhalten Irène und Frédéric Joliot-Curie gemeinsam 1935 den Nobelpreis für Physik, ein Jahr nachdem Marie Curie an Leukämie gestorben ist.

Die in der Jugend erfahrene Grausamkeit des Krieges wird Irène ihr Leben lang nicht vergessen; zusammen mit ihrem Mann engagiert sie sich in nationalen und internationalen Organisationen für Frieden und Gerechtigkeit.

»So war also das scheinbar Unmögliche Wirklichkeit geworden. Wir hatten Krieg. Aber alle Welt wusste, er würde bald zu Ende sein. [...] Jedenfalls stand es fest, dass man sich beeilen müsse, um noch den Krieg mitmachen zu können.«

Aus: *Meine ersten neunzig Jahre*, 1971

Tilla Durieux

18. August 1880 – 21. Februar 1971

Wie die meisten Menschen zu Kriegsbeginn will auch die junge Tilla Durieux sich in den Dienst des Landes stellen. Sie besucht einen Kurs des Roten Kreuzes für Krankenschwestern und bewirbt sich anschließend um einen Platz als Hilfsschwester im Lazarett. Sie meldet sich in dem außerhalb der Stadt gelegenen Krankenhaus Buch, das für die Aufnahme von 2000 Mannschaftssoldaten bestimmt ist. Dort wird sie ein langes und erschöpfendes Jahr durchhalten.

Als der erste Verwundetentransport eintrifft, löst das Ausmaß der Verletzungen bei Tilla einen Schock aus. Sie ist dem Elend des Krieges so unmittelbar ausgesetzt – und denkt zum ersten Mal darüber nach, »wie viele Menschen hingeopfert werden für die Launen und Fehler von Machthabern«. Nach sechs Wochen wird Tilla vom Oberarzt gebeten, die Arbeit einer ausgebildeten Krankenschwester zu übernehmen. Lange braucht sie, bis sie ihre Angst verliert, etwas falsch zu machen und den Patienten zu schaden. Noch Jahrzehnte später hat sie nicht vergessen, wie sie bei einer der ersten Operationen beinahe ohnmächtig wurde, als man ihr ein abgesägtes Bein in die Hände gibt. Irgendwann geht die Arbeit über ihre Kräfte. Bis zum Sommer 1915 hält sie durch, dann bricht sie, seelisch und körperlich stark geschwächt, ihren Einsatz ab.

Nach einer längeren Erholungsphase bekommt Tilla Durieux ein Angebot vom Königlichen Schauspielhaus in Berlin. Die Gage ist hoch, und als ihr Intendant Georg Graf Hülsen versichert, dass der Kaiser mit ihrem Engagement einverstanden sei – »Sie soll ja viel Talent haben, allerdings schön ist sie nicht«, hat Wilhelm II. geäußert –, sagt sie zu.

Als sie im Sommer 1916 nach Berlin zurückkehrt, ist die Stimmung hier eine ganz andere geworden. Die Vorhersage eines schnellen Sieges hat sich längst als Fehleinschätzung herausgestellt, die Menschen sind kriegsmüde und fordern ein Ende des Sterbens und der Entbehrungen. Auch Tillas Ehemann Paul Cassirer, der sich begeistert zum Militärdienst gemeldet hatte, ist wieder in Berlin. Nach zwei Jahren hat er sich angesichts der erlebten Grausamkeiten an der Westfront zum überzeugten Pazifisten gewandelt und macht daraus auch öffentlich keinen Hehl.

Das Ehepaar beginnt, die vom Krieg unterbrochene Tradition von Vortragsabenden in ihrem Haus wieder aufzunehmen. Auf einer dieser Veranstaltungen liest Tilla mit großer Hingabe eine pazifistische Novelle von Leonhard Frank. Das Publikum bricht danach in Jubel aus, ruft »Friede, Friede« und entschließt sich zu einer spontanen Antikriegsdemonstration auf der Straße. Die kann von den Gastgebern zwar verhindert werden, doch anderntags ist in einigen Zeitungen die Rede vom »Pazifismus der Intellektuellen« und vom »pazifistischen Schlupfwinkel«. Es folgt eine Hausdurchsuchung, wobei die Polizei zwar kein belastendes Material findet, doch ist Paul Cassirer fortan Drangsalierungen von staatlichen Stellen ausgesetzt, und so verlässt er 1917 das Land und geht in die Schweiz. Durieux lässt man überraschenderweise in Ruhe – wahrscheinlich will man auf die glänzende Darstellerin nicht verzichten. Nach Ablauf ihres Vertrages mit dem Königlichen Schauspielhaus verlässt Tilla Durieux dennoch Berlin und folgt ihrem Mann in die neutrale Schweiz. Dort haben sich viele ihrer Freunde zusammengefunden, um das Ende des Krieges abzuwarten.

Tilla als Delila in dem Stück *Simson*
von Frank Wedekind, 1914.

Unkonventionelle Frauen zwischen Lebenslust und Gefahr

»Es ist ein strahlender Vorpfingsttag.
An den Türen und Wagen flattern schon die
Maienzweige, und die jungen Mädchen
hinter den Ladentischen reden von ihren weißen
Schuhen und neuen Kleidern. Ob wir im
nächsten Jahr den Krieg vergessen dürfen?«

GERTRUD BÄUMER
am 26. Mai 1917 in der *Heimatchronik*

Seit nunmehr drei Jahren tobt der Krieg, als die Frauenrechtlerin Gertrud Bäumer die vorangegangenen Zeilen schreibt. Die Menschen sehnen sich nach Frieden und ihre Opferbereitschaft ist längst erschöpft. Zwar bleiben die Menschen in Deutschland – anders als in Belgien und Frankreich, Russland und Südosteuropa – von Kampfhandlungen auf heimatlichem Territorium verschont, doch erreichen im vierten Kriegsjahr Hunger und Entbehrung unter großen Teilen der Bevölkerung ein unerträgliches Maß.

Hungern müssen nur die Armen

Bei so viel Not mag es verwundern, wenn man über ein Leben in scheinbarer Normalität während der Kriegsjahre liest, zum Beispiel von der gefeierten Uraufführung der Operette *Die Csárdásfürstin* in Wien, der neu gegründeten *Sturm-Bühne* der Expressionisten in Berlin oder von der glanzvollen Premiere des Stummfilms *Carmen* von Ernst Lubitsch mit Pola Negri in der Hauptrolle. Der Kriegsalltag ist eben keineswegs für alle so düster und aufzehrend wie für die Proletarierfrauen oder die freiwilligen Helferinnen in den Lazaretten. Hungern müssen die Armen – für die Wohlhabenden ergeben sich noch immer Möglichkeiten, an Brot, Zucker und Fleisch zu kommen, und sei es über den Schwarzmarkt. Auch auf lieb gewordene Gewohnheiten wie die Sommerfrische müssen sie nicht verzichten, denn dort ist durch die »Sicherstellung von großen Posten Lebensmitteln ein Mangel für die Kurgäste durchaus nicht fühlbar«, wie das schlesische Bad Kudowa in der Zeitschrift *Die Dame* beteuert.

Man interessiert sich wie zuvor für Mode, auch wenn man aus patriotischen Gründen die neusten Modelle aus Paris verschmäht und im April 1917 Bezugsscheine für Bekleidung eingeführt werden. Danach stehen den Frauen grundsätzlich nur noch zwei Alltagsgewänder und eines für sonntags, ein Sommer- und ein Wintermantel, ein Kleiderrock, zwei Blusen, drei Schürzen, ein Paar Winterhandschuhe, sechs Taschentücher sowie drei Paar Schuhe zu. Auf den Modeseiten der *Dame* ist davon natürlich keine Rede. Dort zeigt sich schon ein Wandel

Frauen des Nationalen Frauendienstes versorgen
während des Krieges Kinder mit Kleidern und Schuhen.
Anderen wiederum fehlte es an nichts.

in der Mode: Die Kleider werden kürzer und gestehen den Frauen deutlich mehr Bewegungsfreiheit zu. Und in einigen europäischen Städten
wird es in den letzten Kriegsjahren verboten, Trauerkleidung zu tragen,
um einer zunehmenden Demoralisierung vorzubeugen – immer mehr
Frauen tragen jetzt Schwarz.

Dennoch scheint die Lust auf Unterhaltung ungebrochen, vor
allem in den Großstädten. Zwar schließen einige Etablissements in
den Augusttagen des Jahres 1914, und Tanzveranstaltungen in öffentlichen Sälen und Gaststätten sind seither verboten, doch öffnen die
Restaurants und Cafés, die Clubs, Konzertsäle und Kunstschulen bald
wieder ihre Pforten. Weiterhin besucht man Kunstauktionen, geht
ins Theater, zum Pferderennen – und zwischendurch auf eine Wohl-
tätigkeitsveranstaltung, um für die Kriegsanleihe zu werben. Für
Amüsement und Zerstreuung ist zur Genüge gesorgt, nicht zuletzt

durch das noch sehr junge Medium Film. Zunächst auf Jahrmärkte und ähnliche Vorführungsorte beschränkt, erobert es sich in diesem Jahrzehnt ein breites Publikum. Neben vielen kleinen, eher provisorischen Kinos mit auch für ärmere Schichten erschwinglichen Eintrittspreisen, entstehen erste luxuriös ausgestattete Filmtheater.

Einen Boom erleben auch Kabaretts und Unterhaltungsrevuen. Stars wie Claire Waldoff, Emmy Hennings, Valeska Gert feiern auf den »Brettl«-Bühnen in Berlin und München Triumphe. In den ersten beiden Kriegsjahren schmettern sie noch patriotische Lieder, und im Berliner Nollendorf-Theater wird die Operette *Immer feste druff* – von Walter Kollo und Willy Wolf – als »Vaterländisches Volksstück« angekündigt. Doch mit der allgemeinen Kriegsmüdigkeit vollzieht sich auch ein Wandel der Kabarett-Programme. Hurra-Patriotismus ist passé, die

Texte agitieren zunehmend antimilitaristisch und pazifistisch. Das bringt die Künstlerinnen nicht nur in Konflikt mit der Zensurbehörde, sondern auch mit der Polizei. Um Unannehmlichkeiten und sogar Festnahmen zu entgehen, verlassen viele von ihnen Deutschland und finden einen Zufluchtsort in der neutralen Schweiz, die nicht nur Zuflucht für viele, die als Ausländer in Deutschland nicht mehr erwünscht sind oder nicht an die Front geschickt werden wollen, sondern auch Künstlern einen Freiraum bietet.

Treffpunkt Zürich

Die Schriftstellerin Claire Goll, die im Januar 1917 aus Berlin in die Schweiz emigriert ist, erinnert sich später, dass sie »noch nie so viele avantgardistische Köpfe beisammen gesehen hatte«, die alle, ebenso wie sie, über die »Schrecken des Krieges empört waren und die reaktionäre Kunst ebenso bekämpften wie die Verlogenheit des Wortes«. Sie begegnet dem Bildhauer Hans Arp und dessen späterer Frau Sophie Taeuber, den Schriftstellern Franz Werfel und Stefan Zweig sowie der russischen Malerin Marianne Werefkin und ihrem Partner Alexej Jawlensky, die als Angehörige einer feindlichen Nation schon 1914 ihr Haus in Murnau nahe München haben verlassen müssen, und der Dichterin Else Lasker-Schüler, die sich unkonventionell kleidet, intensiv liebt und leidet und ihren Freunden leidenschaftliche Briefe an die Front schreibt – von denen die wenigsten aus dem Krieg zurückkehren werden.

Auch Emmy Hennings, die gemeinsam mit ihrem Freund Hugo Ball 1916 das Café Voltaire in Zürich eröffnet hat, trifft Claire Goll in Zürich wieder. Ball und Hennings begründen in ihrem literarischen Kabarett in der Züricher Spiegelgasse gemeinsam mit dem rumänischen Dichter Tristan Tzara die Dada-Bewegung.

Der radikale Bruch der Dadaisten mit traditioneller Kunst ist begleitet von einer fundamentalen Gesellschaftskritik und der entschiedenen Ablehnung alles Militaristischen. So wird die Bewegung von jungen Avantgardekünstlern auch außerhalb der Schweiz begierig auf-

Zwei Damen in Prinzessinnenkleidern aus Samt,
Brokat und Pelz auf einer Pferderennbahn.

genommen. In Berlin erfolgt der Auftakt für den Club Dada am 12. April 1918 durch den aus Zürich zurückgekehrten Richard Huelsenbeck. Zu seinen ersten Mitstreitern gehört Raoul Hausmann, der enge Freund von Hannah Höch. Die Fotomontagen, Collagen und eigenwillig verfremdeten Puppen dieser Künstlerin werden später eines der Markenzeichen der Berliner Dada-Bewegung sein, deren provozierende und verstörende Kunst auch in den ersten Jahren der Weimarer Republik an die gewaltige Zerstörung alles Menschlichen im Krieg gemahnt.

Neue Freiheit, neue Vorurteile

Doch während sich die einen der Kunst widmen und mit ihren provokanten Aktionen dafür sorgen, dass tradierte Konventionen in allen Facetten hinterfragt werden, versuchen andere Frauen, die neu sich bietenden Freiheiten auf vielerlei Weise zu nutzen. Frauen setzen sich ans Steuer oder steigen gar in den Flugzeugbau ein wie Melli Beese, die allerdings, nachdem sie einen Franzosen geheiratet hat, als Feindin betrachtet wird. Und die in Dänemark geborene Filmproduzentin und Schauspielerin Asta Nielsen, die Männer dies- und jenseits der Front fasziniert, gerät als Ausländerin ebenfalls in den Verdacht, spioniert zu haben. Welche Biografie man auch betrachtet, der Krieg hat eine jede verändert und jedem einzelnen Leben eine unvorhergesehene und oft tragische Wendung gegeben.

»Der Krieg war ausgebrochen. [...] Die Stadt wurde zu einem brodelnden Hexenkessel. Steine flogen in die Fenster der englischen Gesandtschaft, und die Glassplitter klirrten auf die tobende schreiende Menschenmenge herunter. [...] Eine Angst wie nie zuvor ergriff mich zwischen all den verzerrten Gesichtern [...]«

In: Lebenserinnerungen *Die schweigende Muse*, 1945

Asta Nielsen

11. September 1881 – 25. Mai 1972

Noch Jahrzehnte später ist der blinde Völkerhass, der sich in den ersten Augusttagen des Jahres 1914 breitmacht und den Asta Nielsen als Ausländerin in den Kriegsjahren mehrmals erfahren muss, in ihrer Erinnerung lebendig.

Die in Kopenhagen geborene, in Dänemark und Schweden unter ärmlichen Verhältnissen aufgewachsene Asta Nielsen hat schon als Schulkind ihre Berufung zur Schauspielerei gespürt. Mithilfe des

Schauspielers Peter Jerndorff, der der begabten Asta kostenlos Unterricht erteilt, erfüllt sich ihr Traum. Das Spiel auf der Bühne und später vor der Kamera bestimmt von nun an ihr gesamtes Leben. Als sie schwanger wird, entscheidet sie sich deshalb ganz bewusst gegen die Heirat und bringt 1901 ihre Tochter Jesta allein zur Welt. Eine durchaus mutige Entscheidung zu einer Zeit, in der ledige Mütter gesellschaftlich völlig missachtet werden. »Ein Kind zu bekommen«, äußert sie sich später einmal, »bedeutet so viel für die Entwicklung einer Schauspielerin, für ihre persönliche und künstlerische Ausstrahlung, so viel, dass ich einen – schwer zu bestimmenden – Mangel an einer Künstlerin empfinde, die niemals ein Kind zur Welt brachte.«

Nach Engagements an mehreren Theatern sowie einer Wanderbühne lernt Asta Nielsen 1910 ihren Schauspielerkollegen Urban Gad kennen – der spätere Filmregisseur wird 1912 der erste ihrer drei Ehemänner. Beide sind sie gleichermaßen unzufrieden mit den Rollenangeboten und neugierig auf das noch junge Kino, und so beschließen sie, selbst einen Film zu drehen. Es sind die Jahre, in denen der Film aus den Kinderschuhen wächst und sich vom wenige Minuten dauernden Klamaukstreifen bewegter Bilder zu einem künstlerisch ambitionierten Genre wandelt, das sich auch literarischer Themen annimmt und Geschichten erzählt. In ihrem ersten gemeinsamen Werk, dem Langfilm *Afgrunden (Abgründe)* aus dem Jahr 1910, stellen sich Gad und Nielsen erfolgreich diesen ästhetischen Herausforderungen: »Hier fühlt man«, wie es in einer damaligen Kritik heißt, »die ruhige und sichere Meisterschaft, die jedes Kunstwerk auszeichnet.« Der internationale Erfolg von *Abgründe* bringt seine Schöpfer im Jahr 1911 nach Deutschland, wo sie innerhalb der nächsten drei Jahre 24 Filme drehen. Asta Nielsen wird zum ersten weiblichen Star der deutschen Filmgeschichte, ihr auf unzähligen Postkarten abgebildetes Gesicht mit den ungewöhnlich großen dunklen Augen kennt bald ganz Europa. Als der deutsche Schriftsteller Ernst Moritz Mungenast, Soldat an der Westfront, zum ersten Mal ein Asta-Nielsen-Foto sieht, fühlt er, »wie diese Augen alles wussten und sahen«, schreibt er später. »Ich spürte diese Augen in mir brennen wie zwei feurige Kugeln. Sie gaben mir meine Seele zurück.«

Asta Nielsen ist das Idol ihrer Zeit – und das über Ländergrenzen hinweg. Freund und Feind verehren die schmale Schönheit aus dem Norden.

Beunruhigt über die in den Augusttagen 1914 so hautnah erlebte Aggressivität gegenüber Ausländern, verlässt Asta Nielsen Berlin und geht auf eine Schiffsreise in das kriegsferne Südamerika. 1916 kehrt sie jedoch zurück und schließt mit einer Verleihfirma einen Vertrag über mehrere Filme, die sie selbst produzieren wird. Dazu mietet sie Ateliers im damals außerhalb von Berlin gelegenen Stadtteil Tempelhof. Doch ihre Freude über die bevorstehende Arbeit verfliegt schnell angesichts der schwierigen Bedingungen, unter denen gedreht werden soll. Da die meisten Techniker und Künstler zum Kriegseinsatz eingezogen sind und ihr dänischer Kameramann wegen mangelnder Lebensmittelversorgung im hungernden Berlin aussteigt, »scheiterte jeder Versuch, an das Niveau heranzukommen, das der Film besonders in Amerika während der letzten zwei Jahre erreicht hatte. In Deutschland war man um diese zwei Jahre zurück«, konstatiert die Produzentin. Zu all dem Übel sind sämtliche Fahrzeuge requiriert, sodass Asta Nielsen sich abends regelmäßig völlig erschöpft und keines langen Fußwegs mehr fähig vom Portierssohn in einem Kinderwagen vom Atelier zur Straßenbahn kutschieren lässt. Dennoch dreht sie während des Krieges sechs Filme.

Asta Nielsen in ihrer Traumrolle als Hamlet im gleichnamigen Stummfilm von Svend Gade, 1921.

Eines Morgens steht dann auch noch die Polizei vor ihrer Hotelzimmertür und bringt sie zum Verhör. Da sie sich keiner Schuld bewusst ist, reagiert sie auf den Vorwurf der Spionagetätigkeit eher amüsiert als betroffen, doch machen ihr die Beamten sehr schnell den Ernst der Lage klar: Nur ihrem Namen habe sie es zu verdanken, dass sie an einem »so verhältnismäßig gemütlichen Ort wie dem Polizeipräsidium« säße. Für die Anschuldigung eines Denunzianten ließen sich zwar keine Beweise finden, doch man gebe ihr den sehr ernst gemeinten Rat, Deutschland für die Dauer des Krieges zu verlassen: »Sie sind Ausländerin, und bei Ihrer Stellung können Sie Neider nicht vermeiden.«

Asta Nielsen kehrt Deutschland erneut den Rücken. Die geplante Weltreise endet jedoch schon in New York, denn ihr Vorhaben, über Sibirien nach Japan zu gelangen, ist nun durch die russische Oktoberrevolution von 1917 obsolet. Nach einem halben Jahr kann sie nach Kopenhagen zurückkehren, wo sie bis zum Kriegsende bleibt. Nach Kriegsende kommt aus Berlin das Angebot für die Rolle der Henriette in der Verfilmung des erfolgreichen Dramas *Rausch* von August Strindberg. Regie führt Ernst Lubitsch. Froh, wieder vor der Kamera stehen zu können, zieht es Asta Nielsen von Neuem nach Deutschland, das für die nächsten 19 Jahre ihre zweite Heimat werden wird.

1920 gründet Asta Nielsen in Berlin ihre eigene Produktionsfirma, die ArtFilm. Hier kann sie ihren lang gehegten Traum von der Darstellung des Hamlet endlich erfüllen, fühlt sich »für alle Mühe und Geduld, die ich Jahre hindurch für meinen Beruf hatte aufwenden müssen, reichlich entschädigt«. Die anfängliche Skepsis gegenüber einer weiblichen Besetzung dieser Rolle schlägt schließlich in Begeisterung über ihre kraftvolle und faszinierende Interpretation um.

Mit ihrer vollendeten Schauspielkunst gehört Asta Nielsen zu jenen, die in den Zwanzigerjahren dem deutschen Film zu Weltruhm verhelfen, denn, wie der Regisseur Leopold Jessner es formuliert: »Eine einzige Träne der Nielsen, ein einziges Zucken des Mundes, sagt mehr als die effektvolle Addition von Schmerzgebärden. Sie war und ist die größte Schauspielerin, die auf der Leinwand sichtbar wurde.«

»Die Menschen verschwinden, ihr Reden und ihre Gebärden
gehen ein, ich bin allein wie überfüllt auch alles hier ist und alles
Leben wird Tapete. Ich bin allein, als ob ich in der Wüste
wandele oder mich in den Sand gelegt habe, Dir zu schreiben [...]
Ich kann die ganze Welt gar nicht mehr fassen [...]«

ELSE LASKER-SCHÜLER in einem Brief
an Franz Marc, 9. Januar 1916

Else Lasker-Schüler

11. Februar 1869 – 22. Januar 1945

Es ist schon fast zwei Jahre Krieg, als die Dichterin Else Lasker-Schüler an einem Januartag des Jahres 1916 im Berliner Café des Westens sitzt und einen Brief an Franz Marc schreibt. Schon um die Jahrhundertwende hatte die künstlerische Avantgarde das Café am Kurfürstendamm zu ihrem bevorzugten Ort der Begegnung erkoren. Hier wurde leidenschaftlich gestritten und die Entwicklung der Kunst debattiert, und hier wurden neue Projekte aus der Taufe gehoben. Auch für Else Lasker-Schüler und ihrem nach der Scheidung von Berthold Lasker nunmehr zweiten Mann Herwarth Walden ist das Café des Westens so etwas wie ein zweites Zuhause geworden. Am Kaffeetisch entwickeln sie die Idee zu der ab 1910 erscheinenden Zeitschrift *Der Sturm*, dem wichtigsten Publikationsorgan der Expressionisten. Vor Kriegsbeginn trifft man Else Lasker-Schüler am Kurfürstendamm stets umringt von jungen Malern und Literaten an, die mit ihren neuartigen und aufsehenerregenden Kunstwerken die in Tradition erstarrte wilhelminische Gesellschaft in Unruhe versetzen. In ihrer auch habituellen Außergewöhnlichkeit passt Else gut zu dieser neuen Künstlergeneration, auch wenn sie um einiges älter ist. Einzigartig ist die Sprache ihrer Gedichte, verstörend wirkt ihre Wechselhaftigkeit – mal strahlt sie eine melancholische Verlorenheit aus, mal tritt sie ausgesprochen exaltiert auf. Der Schriftsteller Gottfried Benn, nach der Trennung von Walden 1912 Elses große Liebe, wird sich noch 1952 daran erinnern, dass man mit ihr nie über die Straße habe gehen können, ohne dass alle Welt stillgestanden und ihr nachgesehen hätte. »In ihren extravaganten weiten Röcken oder Hosen, unmöglichen Obergewändern, Hals und Arme behängt mit auffallendem unechten Schmuck, Ketten, Ohrringen, Talmiringe an den Fingern«, erregt sie Aufsehen, wo immer sie auch auftaucht. Als die Publizistin Thea Sternheim, die Frau des Dramatikers Carl Sternheim, am 20. März 1916 einer Lesung Else Lasker-Schülers in München beiwohnt, notiert sie in ihr Tagebuch, dass diese »Frau mit kurzen Haaren [...] zerzaust wie durch Betten gerollt«, in ihrer Aufmachung nicht geeignet sei, Anziehung auf sie auszuüben. Doch ist sie beeindruckt von ihren Gedichten, und Gottfried Benn bezeichnet Lasker-Schüler noch vierzig Jahre später als »die größte Lyrikerin, die Deutschland je hatte«.

An diesem Januartag nun sitzt Else Lasker-Schüler alleine im Café, denkt an ihre Freunde draußen im Krieg: an Peter Baum, ihren Schriftstellerfreund der frühen Jahre aus Elberfeld, an Gottfried Benn, den Dichter Georg Trakl, den Schriftsteller Franz Werfel und den Maler Franz Marc. Sie alle sind freiwillig ins Feld gezogen, in der Über-

Aus Lasker-Schülers Nachruf auf Franz Marc:

»Der blaue Reiter ist gefallen, ein Großbib-
lischer, an dem der Duft Edens hing. [...]
So viele Vögel fliegen durch die Nacht, sie
können noch Wind und Atem spielen, aber wir
wissen nichts mehr hier unten davon, wir
können uns nur noch zerhacken oder gleich-
gültig aneinander vorbeigehen. In dieser
Nüchternheit erhebt sich drohend eine uner-
messliche Blutmühle, und wir Völker werden
bald alle zermahlen sein.«

Unten: Brief von Franz Marc an Else Lasker-Schüler,
die »Tänzerin vom Hofe des Königs Jussuf«.

zeugung, dass aus der Zerstörung der alten Welt und ihrer Traditionen die Bedingungen für eine neue, bessere Gesellschaft erwachsen. Der große Krieg sei eine große Schule, und ein Volk müsse durch diese Schule gehen, wenn es ein großes Volk werden wolle, schreibt Franz Marc im Herbst 1914 im *Sturm* nach dem Tod seines engen Freundes, des Malers August Macke.

Am 3. November 1914 stirbt auch Georg Trakl. Nach der Schlacht bei Grodek in Galizien als Sanitäter zwei Tage ohne Medikamente und Verbandsmaterial mit fast hundert Schwerverwundeten allein gelassen, hat er dem Elend der Sterbenden hilflos zusehen müssen. Trakl verkraftet dieses Inferno nicht und erleidet einen Nervenzusammenbruch. Aus dem Militärhospital schreibt er an Else und bittet sie, ihn zu besuchen. Als sie die Karte erhält, ist er schon zehn Tage tot, gestorben an einer Überdosis Kokain.

Nun hat Else Lasker-Schüler Angst um ihren Malerfreund Franz Marc. Beide kennen sich, seit Marc 1912 einen Holzschnitt zu ihrem Gedicht *Versöhnung* an den *Sturm* schickte. Marc hatte mit Wassily Kandinsky die Künstlervereinigung *Der blaue Reiter* organisiert – der Name ist angelehnt an Franz Marcs Bild *Der Turm der blauen Pferde*. Else Lasker-Schüler mag dieses Bild sehr, fühlt sich Franz Marc eng verbunden. Franz und seine Frau Maria nehmen in ihrem Haus bisweilen auch Elses Sohn Paul auf, wenn sie, wie so häufig, ohne Geld ist und die Internatskosten nicht zahlen kann.

Else Lasker-Schüler liebt es, ihren Freunden orientalisch anmutende Namen aus einem imaginären Märchenreich zu geben. Marc, den »blauen Reiter«, nennt sie gern ihren »Halbbruder Ruben« oder »Fürsten von Cana«. Sie selbst hat sich längst zur Kunstfigur gemacht und bezeichnet sich seit ihrer Trennung von Walden als »Prinz Jussuf von Theben«, trägt seither Prinzenkostüme oder »Feierkleider«, wie sie es nennt. Ruben und Prinz Jussuf schicken sich Postkarten und Briefe mit Gedichten und Zeichnungen; es ist ein Wechselspiel künstlerischer Anregung. Nachdem Marc in den Krieg gezogen ist, verändern sich die Briefe Else Lasker-Schülers. Als ob sie damit das Unheil abwenden kann, beschwört sie ihre Liebe zu Marc. Im April 1915 schreibt sie an ihn:

»Mein lieber, wundervoller blauer Reiter, [...] wie froh wäre ich der Krieg nähme endlich ein Ende. Soll ich Dich besuchen? Bitte denke nicht an Gefahr und Wetter meinetwegen. Ich bin getroffen überall, ich bin längst gestorben.« Und in einem Brief aus demselben Jahr an den österreichischen Schriftsteller Karl Kraus heißt es ebenfalls: »Ich bin gestorben im Wirrwarr der Welt in diesem Wildkrieg oder gerade nicht Wildkrieg, auf der Walze der Maschine des Kriegs. Wären doch auch statt Menschen nur Bleisoldaten.«

Franz Marc stirbt am 4. März 1916 vor Verdun an der Verletzung durch eine Granate. Else Lasker-Schüler trauert um ihn, als wäre ein Teil ihres vielfältigen Wesens davongegangen. In ihrem Roman *Der Malik. Eine Kaisergeschichte*, in den sie die Briefe und Bilder an Franz Marc in den Prosatext einfließen lässt, setzt Else Lasker-Schüler ihm noch einmal ein bleibendes Denkmal. Das Buch erscheint 1919 bei Paul Cassirer als Teil der Gesamtausgabe ihrer Werke, wodurch die Dichterin Else Lasker-Schüler für einige Zeit ihrer ständigen finanziellen Misere enthoben ist. Doch die Zukunft meint es nicht gut mit ihr: 1927 stirbt ihr Sohn Paul an Tuberkulose.

1932 kann sie mit der Verleihung des Kleist-Preises noch einmal eine Anerkennung ihrer Kunst erleben, doch schon im Jahr darauf muss sie Deutschland als Jüdin verlassen. Sie emigriert in die Schweiz und 1939 nach Jerusalem. Dort stirbt sie – inzwischen fast vergessen – sechs Jahre später. Heute zählt sie zu den größten Dichterinnen deutscher Sprache.

»Die bekannte erste deutsche Fliegerin Melli Beese
beging gestern Nachmittag in einem Anfall von
seelischer Depression Selbstmord. Sie erschoss sich mit
einem Revolver und war sofort tot.«

Berliner *Nachtausgabe*, 23. Dezember 1925

Melli Beese

13. September 1886 – 21. Dezember 1925

Zwanzig Jahre zuvor scheint der jungen Amelie Hedwig Beese, genannt Melli, die ganze Welt offenzustehen. Ihr Vater Richard Beese,
ein Fabrikbesitzer aus Dresden, fördert die Talente seiner Tochter und
unterstützt sie in jeder Hinsicht. Mit zwanzig beginnt sie ein Studium
der Bildhauerei in Stockholm, doch seit sie von dem sensationellen
ersten Motorflug der amerikanischen Brüder Wright im Jahr 1903

hörte, schlägt ihr Interesse eine ganz neue Richtung ein. Fasziniert von diesem sensationellen Durchbruch in der Luftfahrt, reift in ihr der Traum, selbst zu fliegen. Und der lässt sie nicht mehr los. 1909 zurückgekehrt nach Dresden, beginnt sie nun, anstatt Skulpturen zu formen, Modelle von Flugmaschinen zu bauen und als Hospitantin am Polytechnikum Vorlesungen in Mathematik, Schiffsbau und Flugtechnik zu hören.

Im November 1910 macht sich Melli allein auf den Weg nach dem nahe Berlin gelegenen Johannisthal, wo es seit einem Jahr einen der ersten Flugplätze Deutschlands gibt. Doch in die ausschließlich Männern vorbehaltene Domäne einzudringen erweist sich als äußerst schwierig. Keiner der »Helden der Lüfte« erklärt sich zunächst bereit, sie als Schülerin aufzunehmen. Aber Flugunterricht ist auch eine wichtige Einnahmequelle. Für die Ausbildung erhält ein Fluglehrer 3000 Mark, das ist sehr viel Geld, dazu kommt eine sogenannte Bruchauktion von 1000 Mark für eventuell entstehende Schäden am Flugzeug. Und Melli Beese kann zahlen.

Im Dezember steigt Melli erstmals mit einem Lehrer auf und erlebt auch gleich einen Absturz. Sie zieht sich etliche Brüche zu – doch kaum, dass sie auf Krücken wieder gehen kann, ist Melli täglich auf dem Flugplatz, beobachtet die Flugversuche und hält sich in den Werkstätten auf. Auf weitere Flugstunden muss sie allerdings monatelang warten, da wieder niemand mit einer Frau starten möchte. Aufgeben kommt für sie jedoch nicht in Frage, sodass sie sich an den Leiter der Flugsportgesellschaft wendet, und der erkennt sogleich eine Chance für sein Unternehmen: eine Frau als Pilotin – und noch dazu eine so attraktive wie die junge Melli Beese – wäre eine noch nie dagewesene Sensation und würde noch mehr zahlendes Publikum zu den Flugschauen locken.

An ihrem 25. Geburtstag besteht Melli Beese als erste Frau in Deutschland das Examen als Flugzeugführerin und stellt schon im Herbst 1911 mit 825 Metern den Höhenweltrekord für weibliche Piloten auf. Anfang 1912 eröffnet sie in Johannisthal ein eigenes Unternehmen mit einer Flugschule sowie einer Konstruktions- und Fertigungsab-

Die deutsche Fliegerin und
Flugzeugkonstrukteurin Amelie Beese
bei ihrer Arbeit am Reißbrett, 1914.

teilung für Flugzeuge. Sie übernimmt die Geschäftsführung, gibt Flugunterricht, arbeitet an der Weiterentwicklung von Flugapparaten und erhält 1912 das Patent für ein »zerlegbares Flugzeug« sowie 1913 für ein Flugboot. Die Firma floriert. Zugleich engagiert Melli Beese sich in der Nationalen Flugspende. Mit dieser vom Staat initiierten Sammelaktion soll der Aufbau einer Luftflotte innerhalb des kaiserlichen Heeres unterstützt werden. Vom erfolgreichen Abschluss der Sammelaktion versprechen sich auch die Fluglehrer einen Nutzen, denn für die Ausbildung eines Militärpiloten erhalten sie 8 000 Mark. Melli Beese stattet ihr Unternehmen in Erwartung solcher Aufträge entsprechend aus, beginnt mit dem Bau von Flugzeugen und wendet sich an die verantwortlichen Behörden. Doch ohne die Nennung triftiger Gründe erhält sie nur Absagen. Fast zwei Jahre kämpft sie um Aufträge im Rahmen der Flugspende – umsonst. Ursache dafür ist offenbar die Nationalität ihres Chefpiloten und engsten Mitarbeiters Charles Boutard. Boutard ist Franzose, und seit dem 25. Januar 1913 ist auch Melli Beese nicht mehr Deutsche. An diesem Tag hat sie Boutard geheiratet und damit automatisch die französische Staatsbürgerschaft übernommen; von nun an unterschreibt sie mit »Beese-Boutard«. Zu dieser Zeit werden nationalistische Töne in Deutschland immer lauter. Eine Schülerin aus dem nahe gelegenen Ort Adlershof, die mit ihren Freundinnen überschwänglich für die moderne junge Pilotin schwärmt, notiert am 27. Januar in ihr Tagebuch: »Melli Beese hat sich mit Boutard verheiratet, na, wir sind alle ganz platt vor Ärger.« Später nach dem Warum befragt, antwortet sie: »Ja, verstehen Sie denn nicht, einen Franzosen [...]!«

Ihre französische Staatsbürgerschaft wird Melli Beese dann auch zum Verhängnis. Mit Beginn des Krieges gilt sie als feindliche Ausländerin, und man untersagt ihr das Betreten des Flugplatzes. Es ist das Ende ihrer Pilotentätigkeit und auch ihrer so hoffnungsvoll gestarteten Karriere als Flugzeugbauerin. Der gesamte Flugplatz mit all seinen Einrichtungen ist von jetzt an dem Militär unterstellt, womit Melli Beese von ihrer Firma abgeschnitten ist. Die Werkstatt mit allen Maschinen, Werkzeugen und Material wird geplündert, aus den neuen Flugzeugtypen Brennholz gemacht. Obwohl die Firma praktisch nicht mehr existiert, verlangen die Finanzbehörden über Kriegsende hinaus für das nicht »ordentlich geschlossene« Unternehmen Zahlungen, die in die Tausende gehen. 1916 müssen Melli Beese und ihr in einem Internierungslager schwer erkrankter Mann die Johannisthaler Wohnung aufgeben. Beide werden in das in der Prignitz gelegene Wittstock gebracht, das sie nicht mehr verlassen dürfen und wo sie nur durch die Unterstützung von Mellis Mutter überleben. Verbittert blickt sie 1923 auf diese Zeit zurück:

»Hier begann eine Hölle kleinlichster Nadelstichpolitik, u. a. mussten wir viele Wochen ohne Nahrung bleiben und nur von dem leben, was uns mitleidige Bauern heimlich für horrende Preise abließen, weil die Gemeindeverwaltung alle Einwohner mit Gefängnis bedrohte, die feindliche Ausländer durch Obdach und Nahrungsabgabe unterstützten – obwohl ihr genau bekannt war, dass wir zur Selbstverpflegung gezwungen wurden. [...] erst die Revolution befreite uns aus dieser Qual. Wir standen jedoch vor einem zertrümmerten Leben, krank, aller eigenen Mittel und Besitztümer beraubt – man hat uns buchstäblich zugrunde gehetzt.«

Nach dem Krieg versucht Melli Beese wieder in den Flugbetrieb einzusteigen. Begeistert verfolgt sie mit Boutard die Idee, einen Film über einen Flug um die Welt zu drehen. Ein ehrgeiziges Projekt, das sie jedoch mangels Geldgebern aufgeben muss. Dazu kommt, dass Melli erzwungenermaßen den Anschluss an die sich rasant weiterentwickelnde Flugtechnik nicht halten konnte. Krank und ohne jedes Einkommen, lebt sie in ihren letzten Lebensjahren völlig zurückgezogen in Berlin-Wilmersdorf. Nichts ist mehr geblieben von ihrem großen Selbstvertrauen und der Kraft, Träume wahrzumachen. Als auch Boutard sich von ihr trennt, schließt sie mit ihrem von den Kriegsereignissen zerstörten Leben ab.

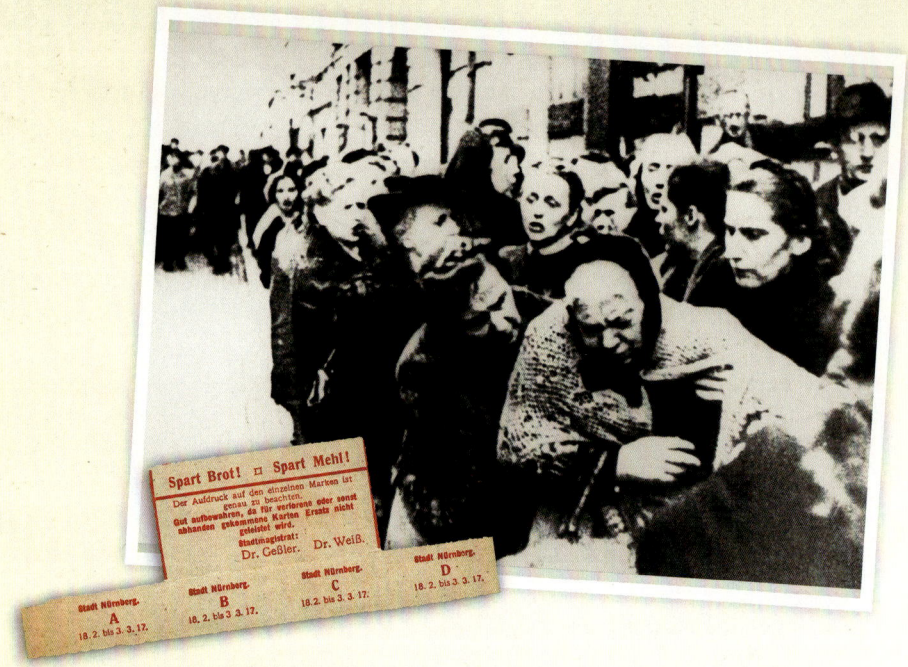

Hunger und Entbehrung

Bereits im ersten Kriegswinter beginnen in Mitteleuropa die Nahrungsmittel knapp zu werden. Grund dafür sind die rückläufige landwirtschaftliche Produktion sowie Einschränkungen im internationalen Handel, sodass auch neutrale Staaten wie zum Beispiel die Schweiz unter dem Krieg leiden. Dort fehlen wichtige Importgüter für das hoch industrialisierte Land, aber auch das Ausbleiben der Touristen ab dem Sommer 1914 führt zu wirtschaftlichen Einbrüchen. Besonders von der schlechten Versorgungslage betroffen sind infolge der Ende 1914 von Großbritannien gegen die Kriegsgegner verhängten Seeblockade Deutschland und Österreich. Dort gibt es schon seit 1915 Brot gegen Marken und weitere Rationierungen folgen in den nächsten Kriegsjahren. Die zunehmende Verknappung hat zur Folge, dass selbst die durch Karten zugesicherten Mengen – ab 1916 decken sie nicht einmal mehr den täglichen Kalorienbedarf – nicht zur Verfügung stehen und zu minderwertigen Ersatzstoffen gegriffen werden muss.

Der vom Bund Deutscher Frauenvereine begründete Nationale Frauendienst hat es sich zur Aufgabe gemacht, notleidende Familien zu unterstützen. Seine zahllosen freiwilligen Helferinnen betreiben nicht nur Fürsorgeeinrichtungen und organisieren Massenspeisungen, sondern geben auch Anleitungen für den Anbau und das Sammeln von Wildkräutern und Gemüse, empfehlen Rezepte für Speisen ohne Fett und Fleisch, fordern auf zum Sammeln von Obstkernen für die Herstellung von Öl oder veranstalten Kurse für sparsames Wirtschaften.

Einen Höhepunkt erreicht die Versorgungskrise im sogenannten Kohlrübenwinter 1916/17, als es in den Läden kaum mehr Kartoffeln, Getreide oder Gemüse gibt. Kohlrüben (auch Steckrüben genannt) müssen als Ersatz herhalten. Neue Rezepte werden den Hausfrauen auf Kriegsspeisezetteln empfohlen: Steckrübenkoteletts, Steckrübenklöße, Steckrübenpudding und sogar Steckrübenbrot. Die einseitige Ernährung hat katastrophale Auswirkungen auf die Gesundheit; an den Folgen von Unterernährung sterben in Deutschland etwa 700 000 Menschen, die Kindersterblichkeit steigt um 50 Prozent. Hunger herrscht vor allem in den Arbeiterfamilien, die über viel zu wenig Geld verfügten, um sich über den Schleichhandel zu versorgen, der zum Ende des Krieges hin fast ein Drittel des gesamten Lebens- und Genussmittelhandels ausmacht. 1916 kommt es in Großstädten wie Hamburg und Berlin und Wien vermehrt zu sogenannten Hungerdemonstrationen. Auf Transparenten fordern die Frauen »Mehr Brot«, stürmen bisweilen auch Geschäfte und Vorratslager. Bei einigen der Verantwortlichen finden sie dafür sogar Verständnis, wie aus dem Bericht des Kommandeurs der Festung Mainz vom 3. August 1917 hervorgeht: »Fast durchweg sind es Frauen, und zwar aus geringeren und besseren Ständen ohne Unterschied, die ihrer Unzufriedenheit durch erbittertes Schelten Ausdruck geben. Die Männer sind ruhiger und zurückhaltender. Bei den Frauen ist es wohl auch verständlich. Sie sollen kochen und für die Magenbedürfnisse sorgen und sehen sich darin ohnmächtig.« Fast immer aber geht die Polizei mit aller Härte gegen die Demonstrantinnen vor, die sie zudem als »radaulustige Weiber« verunglimpft.

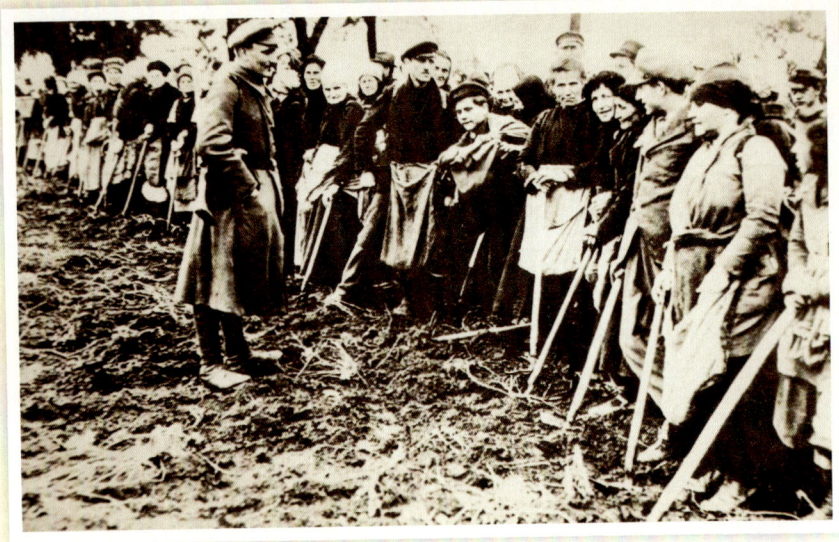

Bürger warten am Feld, um von der Ernte
übriggebliebene Kartoffeln aus der Erde zu holen
und einzusammeln.

1916 kommt die dänische Schauspielerin Asta Nielsen nach Berlin,
um hier einige Filme zu drehen. Auf den Straßen der Stadt begegnet sie überall dem Elend, das die Menschen erdulden müssen:

»Die Verpflegung, die man gewiss nicht mit den dänischen Fleisch-
töpfen messen durfte, war aber für uns, die wir im Hotel wohnten,
ausgezeichnet, reichlich und billig. Das Essen dort war so, dass ich
ungern die Mahlzeiten am Fenster einnahm. Ich schämte mich vor
den Vorübergehenden, deren Zuteilung ich kannte. Schon im zweiten
Kriegsjahr hungerte die Berliner Bevölkerung.

Eines Tages sah ich ein klapperdürres Pferd auf der Straße tot
umstürzen. Im Nu, als hätte man darauf gelauert, stürmten die Frauen,
mit langen Küchenmessern bewaffnet, aus den umliegenden Häusern
auf den Kadaver. Man schrie und schlug sich um die besten Stücke, das
dampfende Blut spritzte ihnen über Gesicht und Kleider. Andere ausge-

92

hungerte Gestalten kamen vorüber und fingen in Näpfen und Tassen das warme Blut auf, von dem das Pflaster rot gefärbt war. Erst als das Pferd, wie ein Skelett in der Wüste abgenagt, dalag, zerstreute sich die Menge rasch, die eroberten Fleischklumpen ängstlich an die platten Brüste gepresst.«

Im März 1917 klagt eine Frau aus Sachsen in einem Brief an ihren Mann im Feld über die Not, unter der sie und ihre Kinder leiden:

»Die Not wird immer größer, weil es hier bei uns nichts mehr gibt. Nun will ich dir meine Not schildern, wie es hier bei mir und unter meiner Familie aussieht. Schlecht stehts mit uns da wir nichts mehr zu Essen haben, keine Dotschen [Rüben], keine Möhren und überhaupt gar nichts mehr können wir kriegen [...] Seit 14 Tagen habe ich das Mittagessen von der Volksküche und zwar 2 Portionen und da essen 5 Mann davon. Bei mir ist gerade wie wenn mir in Hals geschissen ist so hungert mich den ganzen Tag. Sollte nun der Mist nicht bald ein Ende nehmen, oder muss man selbst noch Waffe in der Hand nehmen, damit die Kinder wenigstens aus der Welt kommen, denn das Elend kann ich nicht mehr ertragen.«

Der in Darmstadt aufgewachsene Schriftsteller Ernst Glaeser ver-öffentlicht 1928 seinen autobiografischen Roman *Jahrgang 1902*. In dem international erfolgreichen Buch erinnert der Autor an seine Jugendjahre im Krieg:

»Bald sprachen die Frauen, die in grauen Schlangen vor den Geschäften standen, mehr von dem Hunger ihrer Kinder als von dem Tod ihrer Männer. Der Krieg wechselte seine Sensationen. Eine neue Front entstand. Sie wurde von den Frauen gehalten. Gegen die Entente der Feldgendarmen und unabkömmlichen Kontrolleure. Jedes erschlichene Pfund Butter, jeder bei Nacht glücklich geborgene Sack Kartoffeln wurde in der Familie mit gleicher Begeisterung gefeiert, wie vor zwei Jahren die Siege der Armeen. [...] Eigentlich gefiel uns [Kindern] diese

Veränderung, denn sie weckte unseren Abenteuertrieb. Es war sehr schön und gefährlich, mit verbotenen Eiern aus den Bauernhöfen zu schleichen, sich ins Gras zu werfen, wenn ein Gendarm auftauchte, und die Minuten nach Herzschlägen zu zählen. Es war wunderbar und erhaben, diesen Gendarm zu übertölpeln und nach glücklichem Siegeslauf von seiner Mutter als Held gefeiert zu werden.«

Ein Reporter des *Berliner Tageblatts* schildert in der Ausgabe vom 19. Mai 1916 den täglichen Kampf der Frauen um Lebensmittel. Über Stunden warten sie in langen Schlangen vor den Geschäften in der Hoffnung, einmal genug Essen für sich und ihre Kinder zu erstehen:

»Wer in diesen kühlen Frühlingsnächten einen Gang durch die Straßen der Stadt nicht scheut, der wird schon vor Mitternacht vor den Markthallen Gestalten hin und her schleichen sehen. Erst sind es nur wenige, aber mit dem Eintritt der Mitternacht werden die Gruppen zu Ansammlungen. Im überwiegenden Teil bestehen sie aus Frauen. Sie kauern anfangs auf den Stufen der umliegenden Geschäfte und auf den eisernen Parkeinfriedungen. Bald aber kommt eine und legt in der Nähe des Eingangs einen Strohsack hin, auf dem sie es sich bequem macht. Apathisch stehen die anderen da, manche schlafen im Stehen, und das Mondlicht lässt die blassen Gesichter noch fahler erscheinen. Schutzleute erscheinen und gehen verdrossen auf und ab. Der Morgen graut. Neue Scharen ziehen heran. Frauen mit Kinderwagen [...] Endlich beginnt der Verkauf. Und das Ergebnis: je ein armseliges halbes oder, wenn man besonderes Glück hat, ganzes Pfund Fleisch, Schmalz oder Butter für die eine Hälfte der Käufer, während die andere leer abziehen muss.«

Walter Koch ist Chef des Sächsischen Landlebensmittelamtes
in Dresden. Obwohl er keine finanzielle Not leidet, lehnt er aus
ethischen Gründen für sich und seine Familie eine zusätzliche
Versorgung über den Schwarzhandel ab:

»An den Leiden der Bevölkerung durch Hunger und Kälte haben meine
Familie und ich unser redlich Teil getragen. Es verstand sich von selbst,
dass ich als Lebensmitteldiktator mich strengstens an die Rationie-
rungsvorschriften halten musste und mich mit dem Schleichhandel,
der fast allen anderen ein wenig nachhalf, in keiner Weise einlassen
durfte. Infolgedessen war bis zum Kriegsschluss Schmalhans Küchen-
meister in meinem Hause. Ich selbst nahm, als die Butter und Schoko-
lade aus dem Handel verschwanden, in kurzer Zeit 15 Kilo an Körper-
gewicht ab. Aber schlimmer als der Hunger erschien mir die Kälte. Die
Zentralheizung des Hauses durfte infolge der Knappheit nachts nicht
durchgefeuert werden, so dass meine beste Arbeitszeit, abends von 10

Schlange stehen vor
einem Molkereigeschäft, um 1917.

95

bis 2 Uhr, kalte Zimmer fand. Mit einem kleinen Kanonenöfchen suchten wir den Übelstand zu mildern; doch war es schwer, Heizmaterial zu bekommen.

An das Herz griff einem der Anblick meiner Kinder. Ich sehe sie noch, den 15-jährigen Manfred und die 11-jährige Vera, aus der Schule kommen und wortlos in Speisekammer und Büfett nach etwas Essbarem für ihren Hunger suchen. Das Traurigste waren die Kämpfe mit der Frau, die ihre ohnehin schmale Portion den Kindern zusteckte und ihre Gesundheit damit gefährdete. 5 oder 6 Zentner Kohlrüben haben wir in jenem schlimmen Winter gegessen. Früh Kohlrübensuppe, mittags Koteletts von Kohlrüben, abends Kuchen von Kohlrüben. Und bei alledem waren wir noch viel besser dran als hunderttausende andere, vor allem in den Grenzgebieten.«

Koch ist berufsbedingt ständig mit den Sorgen und Nöten der Bevölkerung konfrontiert. In seinen Erinnerungen berichtet er von den Entbehrungen und vom Hunger der Menschen:

»Ich bin während des Krieges im Inneren Böhmens [damals noch zu Österreich-Ungarn gehörend] gewesen. Die hatten auch Lebensmittelkarten. Aber die Reichen warfen sie lachend in den Papierkorb, weil sie alles freihändig bekamen. Aber die Armen? Ich bin in Gottesgab gewesen und habe die Erwachsenen und die Kinder gesehen, die von gekochtem Grase lebten und mit Wassersäcken unter dem Halse, dem sogenannten Hungerödem, herumliefen. Ich habe mich schließlich entschlossen, trotz unserer eigenen Knappheit den Leuten über der Grenze bei Reitzenhain und Olbernhau, die am Verhungern waren, Brotkarten und Brot von uns zuzuteilen. Und das gleiche habe ich mit den 400 Eisenbahnangestellten in Bodenbach-Tetschen gemacht, damit sie nicht von den Weichen wegliefen und auf Lebensmittelsuche gingen; denn Tag und Nacht fuhren Züge mit unseren Feldgrauen durch diese Bahnhöfe. Wissen durfte das damals freilich niemand.«

Unter der Überschrift »Die deutschen Frauen und die kriegsgemäße Lebensweise« berichten Vertreterinnen des »Nationalen Frauendienstes« über ihre Arbeit:

»Die Frucht der Aufklärungsversammlungen war überall der rege Wunsch der Hausfrauen nach Weiterberatung. Dem wurde auf verschiedene Weise entsprochen, am häufigsten durch die Einrichtung von Kochvorführungen, ferner durch die Vorführung von Kochkisten und Kochbeuteln sowie durch die Begründung hauswirtschaftlicher Beratungsstellen. [...] Um für einige Nahrungsmittel noch größere Propaganda zu machen, werden vielfach Nahrungsmittelausstellungen veranstaltet. Vorzugsweise wurden Speisen ausgestellt, die in Verbindung mit Gelatine zubereitet waren. [...] In manchen Städten waren diese Ausstellungen auch enger umschrieben, so von billigen Ersatzmitteln, und zwar von Fleischersatz, Fettersatz, Hülsenfrüchteersatz, Mandelersatz, Kaffee-, Tee- und Kakaoersatz. [...] In Frankfurt hat der Nationale Frauendienst Obstverwertungskurse über die Art der Konservierung durchgeführt, wo sie auch selbst mitgebrachtes Obst unter sachgemäßer Leitung einkochen konnten. [...] Fast überall wurden seitens der Frauenorganisationen die Sammlung von Küchenabfällen in Angriff genommen, um dem Futtermangel abzuhelfen.«

»Hütet das heilige Brot!
Seht ihr die schleichende Not?
Sie hat unsere frevelnden Freuden,
Sie hat unser feiges Vergeuden
Mit knöchernden Fäusten bedroht:
Hütet das heilige Brot! [...]

Jede Krume ist wert!
Schirmt das Feuer im Herd.
In eisigen Schützengräben
Opfert sich edles Leben
Von Frost und Hunger versehrt,
Jede Krume ist wert! [...]«

Spezielle Rezepte wurden in Kriegskochbüchern und Zeitschriften veröffentlicht, allerdings waren viele der dort aufgeführten Zutaten in den letzten Kriegsjahren auch schon längst Mangelware. Diese Rezepte sind einem 1915 veröffentlichten Kriegskochbuch entnommen:

Roggenmehlsuppe

1 Ltr. Magermilch, ½ Ltr. Wasser, 90 g Roggenmehl, Salz, Zucker.
Die Milch wird auf den Herd gestellt, das mit etwas Wasser angerührte Roggenmehl dazugegossen und ½ Std. gekocht, dann mit Salz und Zucker abgeschmeckt.

Käsesuppe

2 EL Fett, 4 EL Mehl, 1 ½ Ltr. Wasser, Salz, 50 g geriebener Käse.
Eine helle Grundsuppe wird ¼ Stunde gekocht, kurz vor dem Anrichten wird geriebener Käse untergemischt.

Fisch mit Sauerkraut. (Jede Fischart.)

1 ½ Pfd. Fisch, 1 ½ Pfd. Sauerkraut, ¼ Ltr. Milch, 1 Ei,
40 Gramm Mehl, Salz, 10 Gramm Fett
Fischreste und Sauerkraut werden in eine mit Fett ausgestrichene Auflaufform eingeschichtet, Milch, Mehl, Salz und Ei gut verrührt und darüber gegossen. Der Auflauf wird 20 Minuten im Bratofen gelb gebacken.

Salzhering mit weißer Soße mit Pellkartoffeln

2-3 Heringe (24 Stunden gewässert), 1/8 Ltr. Essig, etwas Senf,
1 große Zwiebel, Pfeffer, Salz

Die Heringe werden gehäutet, gewaschen und in Stücke geschnitten.
Die in Scheiben geschnittene Zwiebel wird mit dem Gewürz in
dem Essig gargekocht und abgekühlt. Die Heringsmilch wird mit Senf
und Gewürz fein verrührt, mit dem Essig gemischt und über die
Heringsstücke gegossen.

Sonntagsbraten 1917.

Man nehme die Fleischkarte, wälze sie in der Eier-
karte und brate sie in der Butterkarte schön braun. Die
Kartoffel- und Gemüsekarte dämpfe man schön weich
und verdicke sie mit der Mehlkarte. — Als Nachtisch
brühe man die Kaffeekarte auf, gebe die Milch- und
Zuckerkarte dazu und tauche die Brotkarte hinein.
— Nach dem Essen wasche man die Hände mit
der Seifenkarte und trockne sie am Bezugschein ab.

* * *

Aber — wir Deutschen halten durch!
Wir tun es gerne!

Adel adieu!

»Niemand ist für seinen Namen verantwortlich, und man hat kein Recht, aus altadligen Namen auf Anmaßung und herrschsüchtiges Wesen seines Trägers zu schließen. Aber ebenso wenig darf es geduldet werden, dass aus einem adligen Namen irgendein Anspruch auf gesellschaftlichen Vorrang hergeleitet wird.«

EUGEN RICHTER, 1898

S o schreibt es der überaus populäre Führer der linksliberalen Frei-
sinnigen Volkspartei, der Reichstagsabgeordnete und Publizist
Eugen Richter, in seiner Schrift über den deutschen Adel schon vor der
Jahrhundertwende. Seine historische Bestandsaufnahme mündet in die
Forderung, alle Adelsprivilegien abzuschaffen. Diese seien in einer hoch
industrialisierten Gesellschaft anachronistisch und auch durch die tat-
sächliche gesellschaftliche Funktion des Adels nicht mehr legitimiert.
Der Politiker plädiert für umfassendere Rechte des Parlaments als Verwirklichung einer echten konstitutionell verstandenen Monarchie.

Mitglieder aus Adelshäusern bestimmen bis zur Revolution von
1918 die Geschicke Deutschlands. In dem am 18. Januar 1871 gegründeten
deutschen Kaiserreich regieren unter der Führung des zum Kaiser
proklamierten preußischen Königs in den einzelnen Bundesländern
die Könige von Bayern, Sachsen und Württemberg sowie Herrscher
kleinerer Fürsten- und Herzogtümer. Deren gesellschaftliche Stellung
ist weitgehend ungebrochen und auch der politische Einfluss noch
immer immens – so zum Beispiel durch das Dreiklassenwahlrecht, das
im größten Bundesland Preußen noch bis 1918 gültig ist.

Aber weite Bevölkerungskreise verharren in einer traditionsbe-
sessenen und obrigkeitsstaatlichen Haltung gegenüber dem Adel – als
gottgewolltem Sinn- und Ordnungsstifter wird ihm Jubel und
Huldigung vor allem seitens bürgerlich-konservativer Schichten ent-
gegengebracht. Auf diese übt der längst überholte Stand eine erstaunlich
große Anziehungskraft aus. Die Kopie adliger Lebensformen wird für
viele Bürger zur erstrebten Form eigener Repräsentation. Modisch
interessierte Frauen eifern elegant gekleideten Fürstinnen wie der
Kronprinzessin Cecilie nach, vermögende Fabrikbesitzer lassen sich
Villen und Schlösschen mit mittelalterlichem Flair errichten und
buhlen um die Gunst der adligen Elite – nicht zuletzt in der Hoffnung
auf eine Nobilitierung –, und bei den Mädchen aus nahezu allen
Schichten hat der »schneidige Gardeoffizier« nichts an Attraktivität ein-
gebüßt.

Zu Beginn des 20. Jahrhunderts entsteht eine Sensations- und Un-
terhaltungskultur mit dem Adel als Themen- und Interessensschwer-

Links: Kaiser Wilhelm II. (mit Pelz) am 10. November 1918 auf dem Bahnhof Eysen, auf dem Weg ins holländische Exil. Tags zuvor, am 9. November 1918, war er durch die Revolution in Deutschland zur Abdankung gezwungen worden.

Rechts: Ein Bild aus »Friedenszeiten«: Als Zeichen gegenseitiger Ehrerbietung tragen Deutschlands Kaiser Wilhelm II. (l. in russischer Uniform) und Russlands Zar Nikolaus II. (r. in preußischer Uniform) die Gala-Uniform des anderen.

»*Dearest Nicky,*
May I inform you that we now have definitely fixed the date
for the wedding of our dear Sissy for the 24th of May.
I fervently hope that you will be able to leave Russia for a few
days to meet many of your relatives; as we have
asked your dear Mama Aunt Alix, Georgie and May, Waldemar
etc. to enable all the ›Geschwister‹ to meet each other
as well as Aunt Thyra [...]
With best love from Victoria and me to Alix and all the children
believe me Ever your most devoted cousin and friend Willy.«

KAISER WILHELM II. an seinen Cousin Zar Nikolaus,
Berlin, 18. März 1913

punkt – vielleicht vergleichbar mit dem medialen Rummel um das Leben
der Popstars hundert Jahre später. Die Leser illustrierter Zeitschriften
und Magazine lieben Porträts und Reportagen über Deutschlands
Fürstenfamilien, wobei hier natürlich an erster Stelle die kaiserliche
Familie steht. Und wenn während des Krieges vom aufopferungsvollen
Einsatz der Frauen in Lazaretten, Volksküchen oder Kinderheimen berichtet wird, stehen in den Massenblättern zumeist die adligen Damen
während ihrer entbehrungsreichen Tätigkeit im Vordergrund und tragen so ihren Teil für ein positives Image des Adels bei.

Der Vaterländische Frauenverein

Die Frauen aus adligen Familien sowie des gehobenen und mittleren Bürgertums organisieren sich in Vereinen der konservativen Frauenbewegung. Der größte und bedeutendste ist der Vaterländische Frauenverein, dessen Gründung auf den deutsch-dänischen Krieg von 1866 zurückgeht. Zur Unterstützung der Verwundetenfürsorge entstanden damals mehrere Frauenvereine, die sich unter dem Zeichen des Roten Kreuzes im »Deutschen Frauenverein zur Pflege und Hilfe für Verwundete im Kriege« – so der offizielle Name – zusammenschlossen. Die Schirmherrschaft über den Vaterländischen Frauenverein hat Auguste Viktoria, die Frau Kaiser Wilhelms II., inne.

Der Vaterländische Frauenverein lehnt jedwede Einmischung in die Politik ab. Gleichberechtigung und Frauenwahlrecht sind für die Vaterländischen kein Thema. In ihrem konservativen Weltbild wird die ausschließliche Rolle der Frau als Ehefrau und Mutter nicht in Frage gestellt. Vor allem die Mitglieder der Adelsfamilien missbilligen den Angriff der fortschrittlichen Frauenbewegung auf die traditionellen Werte. Gestützt auf die oft jahrhundertealte Geschichte ihrer Familien, sehen sie sich als Garanten für den Bestand des wilhelminischen Kaiserreiches und als Träger des nationalen Gedankens. Den gilt es weiterzugeben an die nächste Generation, und so ist es die Pflicht einer jeden Mutter, ihren Kindern die deutschen Tugenden zu vermitteln: sie zu erziehen zur Vaterlandsliebe, zu Gehorsam und Disziplin. Und ist das Vaterland in Gefahr, muss auch sie selbst Verteidigungsaufgaben übernehmen.

Im Ersten Weltkrieg gehört die Wohlfahrtspflege an der Heimatfront für die »Vaterländischen« ebenso selbstverständlich dazu wie für den »Nationalen Frauendienst«, doch konzentrieren sie ihre Arbeit im Wesentlichen auf die Betreuung der Front- und Heimatlazarette. Sie organisieren die Ausbildung sowie den Einsatz der freiwilligen Helferinnen. Gleich nach Kriegsausbruch melden sich dann auch adlige Damen zahlreich für den Lazarettdienst. Nicht alle meinen es ernst mit der Opferbereitschaft und ziehen sich nach der ersten großen

Anstrengung wieder zurück – ein beliebtes Thema von Karikaturisten und Satirikern in Zeitschriften wie dem *Simplicissimus* –, viele andere aber erfüllen in den Kriegsjahren ihre selbstgestellten Aufgaben hingebungsvoll als vaterländischen Dienst. Führende Fürstenhäuser richten in ihren Schlössern Lazarette ein, in denen die Fürstin auch selbst als Pflegerin tätig ist. Darüber hinaus entstehen Patenschaften für weitere Pflegeeinrichtungen, Hilfsaktionen und aufwendige Werbekampagnen für die Kriegsanleihe. Ein populäres Beispiel dafür ist die Erzherzogin Auguste, eine geborene Prinzessin von Bayern. Sie lässt sich nicht nur in Schwesterntracht fotografieren, sondern ist aktiv im Vaterländischen Frauenverein tätig. Und sie widmet sich mit großer Leidenschaft der von den »Vaterländischen« initiierten Sammelaktion »Gold gab ich für Eisen«. Hundert Jahre zuvor, während der Befreiungskriege gegen Napoleon, waren diesem Aufruf unzählige Deutsche gefolgt, um durch Spenden den Kampf ihrer Armeen gegen die französischen Truppen zu unterstützen. Die »Vaterländischen« lassen diese Tradition wieder aufleben und fordern ihre Geschlechtsgenossinnen, aber auch Sammler und Museen auf, Ketten, Ringe usw. aus dem wertvollen Edelmetall für die Finanzierung des Krieges zur Verfügung zu stellen. Eine Patriotin trägt von nun an Schmuck aus Eisen. Der agitatorische Erfolg dieser Aktion zeigt sich unter anderem auch in einer von dem in Wien lebenden Komponisten Emmerich Kálmán 1914 geschriebenen Operette mit dem Titel *Gold gab ich für Eisen*.

Rechte Seite oben: Die deutsche Kaiserin
Auguste Viktoria (r.) und
Kronprinzessin Cecilie (l.), undatiert.

Aufruf des Vaterländischen Frauenvereins zu einer
Kaiserinnengeburtstagsspende, 22. Oktober 1915:

»Frauen und Mädchen, Mütter und Bräute!
Zu unserer Kaiserin ziehen wir heute,
Zu unserem hohen Geburtstagskind
Mit einem fröhlichen Angebind –
Im Kriegsjahr statt Rosen
Äpfel, Birnen, Aprikosen!
[...]
Was Baum und Strauch zu bringen vermocht,
Was wir mit Liebe eingekocht,
Dass uns selber das Herze gelacht,
Das sei unserer Kaiserin dargebracht.
Dass sie's dem Heere im Felde sende,
Dass sie's den Wunden und Süchtigen spende.
Solche Gabe wird ihr gefallen!
Sie bangt und jubelt ja mit uns allen.
Hat ja Millionen Jungen im Feld,
[...]
Unsere Gabe soll sich häufen und türmen,
Als wollten wir auch eine Festung erstürmen,
Soll sich legen als reifer Früchtekranz
Um alle Not unseres Vaterlands!
Alle für Alle! Das ist ihr Sinn.
Liebe Frau Kaiserin, nimm sie hin.«

Erzherzogin
Auguste, Enkelin
des österreichischen
Kaisers, geht in ihrer
Feldausrüstung im
Dienst des Roten
Kreuzes auf den
Kriegsschauplatz,
1914.

Das Ende der Dynastien

Noch im Mai 1913 sind Russlands Zar Nikolaus II. und der britische König Georg V. mit Jubel und militärischen Ehren in Berlin empfangen worden. Gemeinsam mit ihrem Cousin Kaiser Wilhelm II. – durch ihre Großmutter, die englische Königin Victoria, sind sie eng miteinander verwandt – haben sie die Hochzeit Prinzessin Viktoria Luises gefeiert. Schon ein Jahr später aber zieht man gegeneinander in den Krieg, und Familienbande spielen jetzt keine Rolle mehr. Im britischen Königshaus geht man in der Deutschfeindlichkeit sogar so weit, den auf die Abstammung aus dem deutschen Adelshaus Sachsen-Coburg-Gotha verweisenden Namen »Saxe-Coburg and Gotha« in »Windsor« sowie den Namen »Battenberg« in »Mountbatten« zu verändern.

Keiner der gekrönten Häupter ahnt zu diesem Zeitpunkt, dass sie mit ihrem Wettlauf um die Vorherrschaft in Europa ihren eigenen Untergang heraufbeschwören. Einzig Englands Monarchie, die sich schon seit Mitte des 18. Jahrhunderts auf eine parlamentarische Demokratie stützt, wird das Jahr 1918 überstehen.

Russland hat schon im Oktober 1917 einen gesellschaftlichen Umbruch erlebt, radikaler als in jedem anderen Land des Kontinents. Tausende adlige Familien, Beamte und Gutsbesitzer werden von den Bolschewisten aus ihren Schlössern gejagt, all ihrer Besitztümer beraubt und verlassen das Land. In der Nacht auf den 17. Juli 1918 wird die bis dahin unter Arrest stehende Zarenfamilie in Jekaterinburg von Rotgardisten ermordet.

Im November 1918 ist dann auch das Ende der deutschen und der österreichisch-ungarischen Monarchien gekommen. Deutschlands Kaiser Wilhelm II. sowie Kaiser Karl I. von Österreich-Ungarn müssen, von den revolutionären Bewegungen überrollt, das Land verlassen und Platz machen für demokratisch gewählte Regierungen. Die Adelstitel verlieren offiziell ihre Bedeutung und gelten in Deutschland von nun an lediglich als Bestandteil des Namens, in Österreich werden sie gar verboten. Große Anwesen gehen in den Besitz des Staates über, doch findet weder in der Weimarer Republik noch in der Republik Österreich eine generelle Enteignung adligen Eigentums statt. Dennoch: Aller Privilegien ledig, sind die Hohenzollern, Habsburger und alle adligen Familien von nun an normale Bürger einer Republik.

»Gott hat uns auf einen Thron gesetzt, und wir müssen ihn festhalten und unversehrt an unseren Sohn weitergeben – wenn Du daran immer denkst, wirst Du auch nicht vergessen, dass Du der Souverän bist [...]«

ALEXANDRA FJODOROWNA an Zar Nikolaus II. von Russland,
14. Dezember 1916

Alexandra Fjodorowna

6. Juni 1872 – 17. Juli 1918

Zarin Alexandra schreibt diese Sätze, als Russland unaufhaltsam auf eine innenpolitische Katastrophe zusteuert. Die Versorgung der Bevölkerung ist nach Kriegsausbruch weitgehend zusammengebrochen, und der Hunger treibt immer mehr Menschen mit den Forderungen »Frieden« und »Brot« auf die Straße. Im Februar 1917 kommt es in Petrograd und Moskau zu Massendemonstrationen und Streiks, die binnen weniger Tage den Charakter eines Aufstands annehmen. Es sind schon lange nicht mehr allein die von Missständen am ärgsten betroffenen Arbeiter und linke revolutionäre Kräfte, die gegen die Regierung des Zaren rebellieren. Auch Parlamentsabgeordnete aus den Reihen des Adels sowie der wohlhabenden Bürgerschicht verlangen mehr Mitspracherecht bei politischen Entscheidungen.

Nach der blutig niedergeschlagenen Revolution von 1905 hatte sich Nikolaus II. zwar gezwungen gesehen, die Wahlen zum russischen Parlament, der Duma, zu akzeptieren, doch sträubte er sich gegen weitere Reformen und schränkte im Laufe der Jahre die Befugnisse der Duma wieder ein. Angesichts einer erneut drohenden Revolution fordert die Duma den Zaren jetzt dringend zu demokratischen Zugeständnissen auf, denn die Stunde sei gekommen, in der nicht nur das Wohl des Vaterlandes, sondern auch die Existenz der Romanow-Dynastie auf dem Spiel stehe. Doch Nikolaus II., der sich fernab im Hauptquartier der Armee aufhält, ignoriert diese Warnungen: Er veranlasst die Auflösung des Parlaments und gibt den Truppen den Befehl, gegen die Aufständischen vorzugehen. Zu diesen Maßnahmen hat ihm mit Nachdruck seine Frau Alexandra Fjodorowna geraten. Seit 1915 Nikolaus II. als Oberbefehlshaber der Truppen nur noch selten in Petrograd weilt, folgt er bei seinen Entscheidungen immer mehr dem Rat der Zarin als dem seiner Regierungsmitglieder. Alexandra aber setzt alles daran, die alleinige Zarenherrschaft in Russland für ihren Sohn Alexej zu sichern, und beweist hierbei eine Beharrlichkeit, die der einst schüchtern wirkenden jungen Frau niemand zugetraut hatte.

Geboren wird Alexandra Fjodorowna in Darmstadt als Alix von Hessen und bei Rhein. Sie ist die Tochter des Großherzogs Ludwig IV. und der 1878 verstorbenen Prinzessin Alice von Großbritannien und Irland, Cousine des späteren Kaisers Wilhelm II. Im Alter von zwölf Jahren begegnet Alix dem 16-jährigen Nikolaus, und beide verlieben sich schon in jungen Jahren ineinander. Im Verlobungsjahr 1894 stirbt überraschend Nikolais Vater, sodass aus dynastischen Gründen die alsbaldige Eheschließung erforderlich wird. Das aufwendige Leben, der zeremonielle Pomp und der immense Reichtum am russischen Zarenhof ist der tief religiösen Alix fremd. Glanzvolle Auftritte liegen der zurückhaltenden Deutschen ebenso wenig wie dem jungen Zaren. Wenn irgend möglich, meidet das Paar die prunkvollen Bälle und Feste – Alix

Kaiserin Alexandra
Fjodorowna von
Russland mit ihren
Töchtern, den
Großfürstinnen
Olga und Tatjana
Nikolajewna von
Russland, 1914.

und die gemeinsamen vier Töchter geben Nikolaus II. die Sicherheit, die er in seinem Amt oft vergeblich sucht. Uneingeschränkt hält er an der längst anachronistischen Alleinherrschaft des Zaren fest – und Alexandra Fjodorowna bestärkt ihn darin, vor allem nach der Geburt ihres Sohnes Alexej 1904. Dem unter Hämophilie, der sogenannten Bluterkrankheit, leidenden Alexej gilt ihre ganze Liebe, und ihr politisches Denken und Handeln richtet sie vorrangig auf das Ziel, dem Thronfolger eine von parlamentarischer Mitbestimmung »unversehrte Krone« zu erhalten.

Mit Ausbruch des Ersten Weltkriegs stellt sich die einstige Deutsche als Kaiserin des russischen Zarenreichs mit leidenschaftlicher Unbedingtheit in den Dienst ihres neuen Heimatlandes. Sie richtet Lazarette in den Schlössern der Romanows ein, lässt sich und ihre Töchter zu Krankenschwestern ausbilden und assistiert den Ärzten bei Operationen. »Ich wusch und putzte, pinselte mit Jod ein und schmierte Vaseline drauf und bandagierte sie alle [...]«, schreibt sie im November 1914 an »Nicky«, ihren Mann.

Ihr unermüdlicher Einsatz in den ersten Kriegsjahren hinterlässt zwar Spuren in Alexandras Gesundheit, doch gewinnt sie zugleich an psychischer Kraft, die sie für die Zukunft Russlands und den Thronfolger – für Alexandra ist dies identisch – einsetzt. Immer stärker mischt sie sich in die Innenpolitik ein, denn, wie sie dem britischen Botschafter gegenüber äußert, der Zar sei leider schwach, »aber ich bin es nicht, und ich habe die Absicht, fest zu bleiben«. Bei ihren Vorschlägen zu innenpolitischen Maßnahmen, die sie »Nicky« in täglichen Briefen unterbreitet, lässt sie sich ihrerseits beraten von Rasputin, in dessen Bann sie sich gleichsam befindet. Zu dem aus einem russischen Dorf stammenden Wanderprediger hegt Alexandra blindes Vertrauen, seit er, nach Versagen aller anderen Ärzte, Alexej das Leben gerettet hat. Alexandra verehrt Rasputin als einen von Gott Gesandten und wendet sich gegen jedwede Kritik an ihm. Auch als Rasputin die Nähe zum kaiserlichen Haus zu eigenem Vorteil nutzt und ihm sogar Spionage für die Deutschen vorgeworfen wird, distanziert sie sich nicht. Alexandra insistiert beim Zaren auf die Neubesetzung von Ministerposten ebenso wie auf der Auflösung der Duma. So schreibt sie im Dezember 1916 an den Zaren: »Lass die Duma schließen [...] Höre nicht auf Deine Ratgeber [...] Schlage mit der Faust auf den Tisch! [...] Sei der Herr!«, und einige Tage darauf: »Vergiss nicht, warum ich so unbeliebt bin – weil ich einen starken Willen habe, und das zeigt, wie wichtig es ist, fest zu sein und gefürchtet zu werden.«

Doch als Nikolaus II. am 22. Februar 1917 befiehlt, gegen die Demonstranten zu schießen, weigern sich viele der Soldaten und schließen sich den Aufständischen an. In den nächsten Tagen versucht der Zar die Situation durch Zugeständnisse zu beruhigen, doch dazu ist es zu spät. Am 2. März 1917 wird er zur Abdankung gezwungen. »Jetzt bin ich nicht mehr Zarin«, wird Alexandra tags darauf resigniert äußern.

Die Zarenfamilie wird von der bürgerlichen Kerenskij-Regierung zunächst unter Arrest gestellt und, als Frankreich und England ihr das Exil verweigern, in ein äußerst bescheidenes Quartier in Sibirien gebracht. Nach der Oktoberrevolution 1917 und der Machtübernahme der Bolschewiken wird die ehemalige Herrscherfamilie im Mai 1918 nach Jekaterinburg überstellt. Es ist ihr letzter Aufenthaltsort und das Ende der Romanow-Dynastie. In der Nacht zum 17. Juli 1918 sterben Alexandra Fjodorowna und Nikolaus, ihr Sohn Alexej sowie ihre vier Töchter Olga, Tatjana, Maria und Anastasia durch die Schüsse von Rotgardisten.

*»Es kam die Revolution. Es kam der Waffenstillstand.
Es kam schließlich das Diktat von Versailles. Diese Ereignisse
sind so tragisch, dass es mir noch heute nicht möglich ist,
darüber zu sprechen.«*

CECILIE in ihren Erinnerungen, 1930

Kronprinzessin Cecilie

20. September 1886 – 6. Mai 1954

Der 9. November 1918 ist der Schicksalstag der deutschen Monarchie: In Berlin rufen die Arbeiter- und Soldatenräte die Republik aus, Wilhelm II. muss abdanken und begibt sich mit seinem Sohn, dem Kronprinzen, ins Exil. Seine Frau, die Kronprinzessin Cecilie, verfolgt in Potsdam mit Bangen die Entwicklung. Seit der Fertigstellung des Schlosses Cecilienhof im Jahr 1917 lebt sie dort mit ihren sechs Kindern ohne weiteren Schutz. Entgegen dem Rat ihrer Freunde plant sie keine Flucht vor den Revolutionären, sondern erklärt: »Wenn sie uns umbringen wollen, können sie das hier in meinem eigenen Hause tun!« Ganz abwegig ist der Gedanke nicht, seit die Nachricht von der Ermordung der russischen Zarenfamilie sich wie ein Lauffeuer verbreitet und unter den verwandten Adelsfamilien überall in Europa großes Entsetzen ausgelöst hat. An ihre Schwägerin schreibt die Kronprinzessin: »Bis die Bolschewisten uns nicht aufknüpfen wollen, gehe ich nicht ins Ausland. Wir sind Deutsche und bleiben Deutsche, und wir haben die glücklichen Jahre im Vaterland verlebt, jetzt wollen wir auch die Not teilen.« Es ist Cecilies Wunsch, dass ihre »Kinder deutsch erzogen werden, in der deutschen Heimat aufwachsen und unter veränderten Verhältnissen ihrem Volke nicht entfremdet werden«. Einer der Gründe für ihre Entscheidung ist sicher die Hoffnung auf eine Restauration monarchischer Verhältnisse.

Dreizehn Jahre ist es her, als sich Cecilie von Mecklenburg die glanzvollsten Zukunftsaussichten in der kaiserlichen Monarchie eröffnet haben. Am 6. Juni 1905 heiratet die Tochter des Großherzogs Friedrich Franz III. von Mecklenburg und der Großfürstin Anastasia Romanowa den Kronprinzen Wilhelm, Sohn des deutschen Kaisers und preußischen Königs Wilhelm II. Es ist eine der prunkvollsten Fürstenhochzeiten während des Kaiserreichs, und unbeschreiblicher Jubel begleitet die Braut auf ihrem Einzug nach Berlin.

Mit ihrem offenen Wesen gewinnt Cecilie im ganzen Reich die Sympathien. Schönheit und Eleganz – sie liebt modische Kleidung und hat ein Faible für ausgefallene Hüte – lassen sie zu einem gefragten Objekt der Berichterstattung werden. Mit der Geburt ihrer vier Söhne und zwei Töchter wird die Kronprinzenfamilie eines der populärsten Foto- und Postkartenmotive. Allerdings trügt der äußere Schein. Als die erste Verliebtheit des jungen Kronprinzen vergeht, amüsiert er sich gern fernab des trauten Heims. Cecilie leidet darunter, hatte sie sich das Zusammenleben mit ihrem gut aussehenden Prinzen doch anders vorgestellt. Sie widmet sich intensiv der Erziehung ihrer Kinder und, wie in Fürstenhäusern in solchen Fällen üblich, verstärkt der Wohltätigkeit. 1913 gründet sie die Cecilienhilfe, zu deren Aufgaben neben der Fürsorge für Alte und Kranke vor allem die Ausbildung von Jungen und Mädchen gehört. Mit Ausbruch des Krieges wird ihr Leben dann nahezu ausschließlich von karitativer Arbeit bestimmt. Sie übernimmt die Verantwortung für mehrere Militärhospitäler in Berlin, lässt ihr Schloss Oels in Schlesien in ein Lazarett umwandeln und sich selbst in der Krankenpflege unterrichten. Im Kronprinzenpalais Unter den Linden in Berlin richtet sie eine Nähstube ein, über die ihre Hofdame in ihrem Tagebuch berichtet: »Den ganzen Tag gearbeitet, oben in einem von den Sälen, in denen wir sonst getanzt haben, saßen wir jetzt wie gebannt an unseren Nähmaschinen und nähten Kissenbezüge. Die Kronprinzessin wickelte Binden auf Rollen, die bereits 1870/71 benutzt wurden.«

Nach dem Verzicht auf die Krone des Reiches sowie des Königreichs Preußen durch den Kronprinzen verblassen zwar die ehemals so hoffnungsvollen Aussichten Cecilies, doch fühlt sie sich gerade durch die Abwesenheit Wilhelms II. und des Thronfolgers verantwortlich für das Haus Hohenzollern, auch unter den Bedingungen der Weimarer Republik.

Durch ihre Courage in den Tagen der Revolution hat Cecilie sich hohe Achtung in monarchistischen Kreisen erworben, sie wird zur führenden Repräsentantin der ehemaligen Herrscherfamilie. Viele traditionell ausgerichtete Deutsche, die auf die Wiedereinführung einer Adelsherrschaft hoffen, sehen in ihr gar eine geeignete Prätendentin für den Thron. Dies allerdings bereitet Wilhelm II. im holländischen Doorn größten Verdruss. In Anspielung auf ihre russischen Vorfahren äußert er: »Ich weiß, dass die Kronprinzess darauf aus ist, in Deutschland die Rolle der Katharina II. zu übernehmen. Gelingt ihr das nicht, so will sie alles tun, damit ihr Sohn auf den Thron kommt.« Ob Cecilie vor der Rückkehr ihres Mannes aus dem Exil im November 1923 tatsächlich mit einer solchen Rolle liebäugelt, ist nicht überliefert. Bekannt ist jedoch, dass sie Errungenschaften der Revolution wie das Frauenstimmrecht durchaus begrüßt und daher eine konstitutionelle Monarchie mit demokratischen Elementen befürworten würde.

Ende der Zwanzigerjahre wendet sich das Kronprinzenpaar, hofiert von Hermann Göring und Adolf Hitler sowie im Gleichklang mit der Haltung monarchistischer Verbände, den Nationalsozialisten zu. Damit verbundene Hoffnungen auf eine Einbeziehung in die

Regierung werden jedoch gleich nach der Machtübernahme Hitlers enttäuscht. Die Nationalsozialisten erwägen zu keinem Zeitpunkt Zugeständnisse an die Hohenzollern.

Cecilie geht nun mit dem Kronprinzen auf Reisen und zieht sich zwischendurch auf ihre Schlösser in Oels und Potsdam zurück. Cecilienhof gehört zwar jetzt dem Staat Preußen, ist jedoch der Familie des ehemaligen Kronprinzen als Wohnort für drei Generationen zugesichert. Nach dem Zweiten Weltkrieg ist diese Garantie allerdings gegenstandslos – im Juli 1945 werden hier die Siegermächte zur Potsdamer Konferenz zusammentreffen und über das Schicksal des künftigen Deutschlands entscheiden.

Nachdem Cecilie sich 1945 vergebens mit der Bitte um Aufnahme an Verwandte und Freunde gewandt hatte – aber niemand »konnte, wollte, durfte sich mit mir belasten«, erinnert sie sich später –, findet ihr Sohn für sie zwei Zimmer in Bad Kissingen. 1954, zwei Jahre nachdem sie wieder ein eigenes Haus beziehen kann, stirbt sie.

Cecilie mit einem
ihrer modisch
ausgefallenen Hüte.

Aufbruch und Wahlrecht

»Die Frauen sind durch den Krieg ungleich selbstständiger geworden. Sei es, dass sie als Ehefrauen das Geschäft ihres Mannes weitergeführt haben, sei es, dass sie durch anderen Erwerb selbst den Unterhalt der Familie bestritten haben, sei es, dass sie unverheiratet in einem Beruf standen, sie haben an Unabhängigkeit, an Lebenserfahrung und Welterkenntnis ungeheuer gewonnen.«

ADELHEID STEINMANN
im Jahrbuch des BDF von 1918 über
Frauenaufgaben im künftigen Deutschland

Heinweg u. Grotrian angelpnoen

Deutsche Brief-
trägerinnen beim
Sortieren der Briefe,
die nach dem Krieg
allerdings wieder
als Hausfrauen tätig
sein sollten. Das
Plakat an der Wand
lässt vermuten, dass
hier zuvor Männer
tätig waren: »Nicht
auf den Fußboden
spucken. Spucknäpfe
benutzen!«

Als sich ein baldiges Kriegsende abzeichnet, beraten die Frauenverbände 1917/18 über ihre Aufgaben in der Nachkriegszeit.
Der Einsatz der Frauen bei der Aufrechterhaltung der Produktion
kriegswichtiger Güter und der Versorgung der Bevölkerung hat inzwischen zu einer Erweiterung ihres Handlungsspielraums geführt:
Da sie als Arbeitskräfte in den unterschiedlichsten Bereichen dringend benötigt werden, haben sie Heim und Herd verlassen und sind
Teil des Berufsalltags geworden. Insbesondere Frauen mit einer abge-
schlossenen Berufsausbildung oder einem Studienabschluss bietet sich
die Chance einer ihrer Qualifikation entsprechenden Tätigkeit. Schon
während des Krieges allerdings machen vor allem konservative Kräfte
auf die aus ihrer Sicht verhängnisvolle Entwicklung aufmerksam.
So äußert General Paul von Hindenburg 1916 in einem Schreiben an
Reichskanzler Theobald von Bethmann-Hollweg: »Es wäre gut, wenn
[...] der weiblichen Agitation auf Gleichstellung in allen Berufen, und
damit natürlich auch in politischer Beziehung, ein Riegel vorgeschoben
würde [...] Wir brauchen nach dem Kriege die Frau als Gattin und
Mutter.«

Mit der Rückkehr der Männer aus dem verlorenen Krieg in das zivile Leben geht die allgemeine Forderung nach einer Rückkehr der Frauen an Herd und Heim einher. Wenn auch viele Frauen sich gern von der oft belastenden Zusatzarbeit verabschieden, gibt es doch andere, die keineswegs auf ihre Berufstätigkeit und die neu gewonnene Lebensperspektive verzichten wollen. Sie zu unterstützen ist – wie es die promovierte Frauenrechtlerin Elisabeth Altmann-Gottheimer 1919 formuliert – das Bestreben der Frauenverbände: »Vollkommen einig ist man sich heute in den Kreisen der organisierten deutschen Frauenbewegung darüber, dass wir verpflichtet sind, den Kampf aufzunehmen gegen die willkürlichen, rücksichtslosen Frauenentlassungen, die in fast allen Berufszweigen auf das Drängen der männlichen Berufsangehörigen hin zur Zeit an der Tagesordnung sind, und gegen die z.T. an das Terroristische grenzenden Mittel, mit denen das Ziel der Ausschaltung der Frauen aus dem Wettbewerb erreicht werden soll.« In Österreich ist es die von Olly Schwarz 1916 ins Leben gerufene »Zentralstelle für weibliche Berufsberatung«, die sich um eine Fortsetzung der Berufstätigkeit von Frauen bemüht und vor allem für junge Mädchen Bildungsmöglichkeiten schafft, um sie auf künftige Aufgaben in der Gesellschaft vorzubereiten.

Obwohl die Frauen im Krieg bewiesen hatten, dass sie durchaus in der Lage sind, in der von Männern beherrschten Arbeitswelt zu bestehen, rollt eine riesige Entlassungswelle auf sie zu, von der in erster Linie alle verheirateten Frauen betroffen sind. Denn nicht etwa Können und die Leistung zählen als Grund für die Weiterbeschäftigung von Frauen, sondern deren Nachweis, selbst für den Lebensunterhalt sorgen zu müssen. Ein Kriterium, das zum Beispiel bei der Anstellung von Beamtinnen und Lehrerinnen noch bis Mitte des 20. Jahrhunderts Anwendung findet. Heiratet das »Fräulein Lehrerin«, muss sie ihren Beruf aufgeben.

Revolution bringt Frauen das Wahlrecht

Wenn auch die unterschiedlichen politischen Zielsetzungen der bürgerlichen Frauenvereine, der Pazifistinnen und der Sozialistinnen zuweilen zu heftigen Kontroversen führen, vereint sie doch alle seit Ende des 19. Jahrhunderts der Kampf um das Frauenwahlrecht. Noch 1917 werden dahingehende Anträge von der Mehrheit des Reichstages mit dem Argument zurückgewiesen, dass Frauen »nicht in die Öffentlichkeit gehörten«. Doch mit der Revolution von 1918 ist es endlich so weit: Der Rat der Volksbeauftragten – die aus Mitgliedern von SPD und USPD bestehende provisorische deutsche Regierung – verkündet am 12. November 1918 das Wahlrecht »für alle mindestens 20 Jahre alten männlichen und weiblichen Personen«, und vier Tage darauf beschließt auch die nach der Revolution gebildete Provisorische Nationalversammlung Deutschösterreichs das Wahlrecht für alle »Bürger ohne Unterschied des Geschlechts«. Das von den Delegierten in Wien ebenfalls formulierte Ziel eines mit dem deutschen Reich verbundenen Österreichs kann aufgrund der von den Alliierten am 10. September 1919 im Friedensvertrag von Saint-Germain-en-Laye getroffenen Gesetze nicht realisiert werden. Ab dem 21. September des Jahres 1919 gilt der Name »Österreich«.

In den wenigen verbleibenden Wochen bis zu den Wahlen der Nationalversammlungen am 19. Januar 1919 in Deutschland und am 16. Februar in Deutschösterreich ziehen die Akteurinnen der Frauenbewegung im Wahlkampf durch das Land, stellen sich als Kandidatinnen für das neue Parlament vor oder werben für ihre Parteien. Dabei geht es ihnen vor allem um eine Aufklärung über die Rechte der künftigen Wählerinnen und eine generelle Politisierung der Frauen. Auch bisherige Gegner des Frauenwahlrechts in den Reihen der österreichischen Christlichsozialen und Deutschnationalen animieren nun »ihre« Frauen, zur Wahl zu gehen, weil sie ein Stimmenungleichgewicht zugunsten der Sozialdemokraten fürchten. Wie die Wahlbeteiligung beweist, ist nach dem Krieg ein Großteil der Frauen durchaus willens, in politischen Dingen nicht mehr abseits zu stehen. 82 Prozent der wahlberechtigten Frauen gehen in Deutschland und ebenso viele in Deutschösterreich an die Wahlurnen. Die meisten der gewählten Parlamentarierinnen kommen aus den Reihen der SPD: 41 sind es in der Weimarer Nationalversammlung – 9,6 Prozent aller Abgeordneten –, und in Wien ziehen unter den insgesamt 170 Abgeordneten acht Frauen in die konstituierende Nationalversammlung ein – sieben der acht sind Sozialdemokratinnen.

Am 31. Juli 1919 verabschieden die Delegierten der in Weimar tagenden Nationalversammlung die Weimarer Reichsverfassung, wo es im Art. 109 heißt: »Männer und Frauen haben grundsätzlich dieselben staatsbürgerlichen Rechte und Pflichten.« Große Auswirkung auf das alltägliche gesellschaftliche Leben hat diese erstmals gesetzlich verankerte Gleichberechtigung der Frauen jedoch nicht, denn an der traditionellen Geschlechterordnung und Arbeitsteilung ändert sich zunächst wenig. Der Vorrang der Männer in Familie, Beruf und Politik wird noch lange unangetastet bleiben.

Neue Zeiten kündigen sich an

Entscheidend für das veränderte Frauenbild in den Zwanziger-jahren, wie es Illustrierte und Filme präsentieren und wie wir es heute aus Literatur und Kunst kennen, ist ein Wandel der Arbeitswelt. Nach einer kurzen Phase des Rückzugs in die häusliche Umgebung infolge der Demobilisierung nach dem Krieg drängen zu Beginn der Zwanzigerjahre Frauen verstärkt in die Öffentlichkeit und in die Berufe. Ärztinnen, Rechtsanwältinnen, Künstlerinnen sind schon bald keine Seltenheit mehr. Und unzählige junge Frauen strömen täglich in die Innenstädte, wo sie sich als Stenotypistinnen, Verkäuferinnen oder in Fabriken ihren Lebensunterhalt verdienen. Das Aussehen dieser jungen Frauen erinnert in nichts mehr an das ihrer Mütter oder großen Schwestern aus dem Jahrzehnt davor. Enggeschnürte Taillen, knöchel-lange Röcke und große Hüte mit voluminösen Aufbauten gehören der Vergangenheit an. Bequeme Jumperkleider, kniekurze Röcke und Bubi-kopf signalisieren jetzt den Typus einer finanziell unabhängigen und sexuell emanzipierten »neuen Frau«, auch wenn weiterhin gilt: Männer behalten die höheren Stellen, Frauen verrichten die niederen, mono-tonen Arbeiten, sind schlechter ausgebildet und haben deshalb nur geringe Aufstiegschancen. Viele von ihnen möchten sich deshalb nach wie vor die sprichwörtliche »gute Partie« sichern und kehren dann ins Haus zurück.

Unbestreitbar ist dennoch, dass die im Krieg gestiegene öko-nomische Bedeutung der Frauenarbeit den Wandel der gesellschaftlichen Stellung der Frau in der Weimarer Republik in Gang gesetzt hat. 1922 werden Frauen für den öffentlichen Dienst und die Rechtspflege zuge-lassen, und im Lauf der Zwanzigerjahre erfolgen Verbesserungen in der Sozialgesetzgebung wie die Einführung von Mindestlöhnen für Heimarbeiterinnen oder die Erweiterung des Mutterschutzes. Dies alles sind Errungenschaften für Frauen, die von Frauen – von konserva-tiven, radikalen und sozialistischen Verbänden gemeinsam – erstritten werden.

WAHLRECHT

tretet Ihr an die Wahlurne!
dürft Ihr mitbestimmen über Wohl und Wehe des
über Wohl und Wehe Euer selbst, Eures Heimes,

Eure Kinder brauchen
Frieden und Brot

Darum Frauen:
Wählt!

125

In den bürgerlichen Parteien gibt es Befürchtungen, dass ihre bis dahin von der Politik ferngehaltenen Frauen vom neuen Wahlrecht keinen Gebrauch machen würden. Das aber könnte sich nachteilig auf die Stimmenverteilung auswirken, denn es gibt sehr viele politisch interessierte Frauen und damit Wählerinnen unter den Sozialdemokraten. Mit solchen Handzetteln und Plakaten fordert daher die Deutsche Demokratische Partei (DDP) alle Frauen auf, zu den Wahlurnen zu gehen.

10 Gebote zum
Frauenwahlrecht

I
Du sollst aus dem unerwarteten und schweren
Recht, als Bürgerin zu wählen, eine gewissenhaft
erfüllte Pflicht machen.

II
Du sollst nicht aus falscher Vornehmheit oder aus einer
engen Vorstellung von »Weiblichkeit« glauben, dass dich die ganze
Sache nichts anginge.

III
Du sollst nicht der guten alten Zeit nachtrauern, in der die
Frauen es »so viel leichter« hatten, sondern du sollst dich fest und
freudig auf den Boden der Gegenwart stellen.

IV
Du sollst dich erprobten geistigen Führern unterordnen;
auch das gleiche Wahlrecht schließt die Achtung der
Autorität nicht aus.

V
Du sollst die hohen Ideale von Frauenanmut
und Frauenwürde nicht töten und zu Grabe tragen,
sondern in der neuen Zeit neu gestalten.

VI

Du sollst dich für eine Partei entscheiden und sie nicht
ohne Not verlassen; über ihre Schwächen sollst du hinwegsehen,
wenn du mit ihrer Grundrichtung übereinstimmst.

VII

Du sollst mit der Politik weder dir noch anderen die
Zeit stehlen, aber sie auskaufen [sic], damit du zu einer
selbständigen Überzeugung kommst.

VIII

Du sollst nicht falsch Zeugnis ablegen gegen die Männer und
Frauen, die zu einer anderen Partei als du selber gehören, aber auch
jede Verleumdung der eigenen Partei kräftig abwehren.

IX

Du sollst den Mut der Überzeugung, aber nicht
den Eigensinn des Fanatismus haben.

X

Du sollst in der Politik nicht begehren deines Nächsten Recht,
Besitz oder Ehre, auch nicht deine eigene Ehre suchen,
sondern du sollst deinen Willen und deine ganze Kraft nur auf das
Wohl deines Vaterlandes richten.

Demonstration der SPD
vor dem Reichs-
tagsgebäude in Berlin
kurz vor der ersten Wahl
zur Nationalver-
sammlung, 1919.

*»Das schwer Lastende der Kriegsjahre war gewichen:
beschwingt schritt man dahin, zukunftsfroh!
Der Tag verlor seine Zeiten, die Stunde der Mahlzeiten wurde
vergessen, die Nacht zum Tage, man brauchte keinen Schlaf;
nur eine lebendige Flamme brannte: sich helfend am Aufbau einer
besseren Gemeinschaft zu betätigen.«*

IDA GUSTAVA HEYMANN UND ANITA AUGSPURG
in *Erlebtes – Erschautes*, 1941

Anita Augspurg &
Lida Gustava Heymann

22. September 1857 – 20. Dezember 1943 /
15. März 1868 – 31. Juli 1943

Anita Augspurg und ihre Lebensgefährtin Lida Gustava Heymann sind keine Sozialistinnen, doch ist die Revolution von 1918 für beide das wohl bedeutendste Ereignis ihres politischen Lebens. Am 8. November, so erzählt Lida in ihrem Buch *Erlebtes – Erschautes*, klingelt bei ihr in Hamburg das Telefon, aus München meldet sich Anita: »Bayern Republik! Kurt Eisner hat das Wahlrecht für Frauen proklamiert, Deutschland muss folgen.« Das Frauenwahlrecht, dessen Durchsetzung bis dahin ihr unermüdlicher Kampf gegolten hat, ist nun Wirklichkeit.

Begegnet sind sich Anita Augspurg und Lida Gustava Heymann erstmals auf dem 1896 nach Berlin einberufenen Internationalen Frauenkongress. Wie Lida später schreibt, waren beide zu diesem Zeitpunkt völlig unabhängige, von »hemmendem Familienanhang« emanzipierte, freie Menschen. Anita Augspurg hatte in jungen Jahren mit einer Freundin das sehr erfolgreiche Fotostudio »Hof-Atelier Elvira« in München geführt, sich dann aber zu einem Jurastudium in Zürich entschlossen, um besser für den Kampf um die Frauenrechte gerüstet zu sein. 1897 kehrt sie von dort als Doktor der Juristerei zurück, und fortan gehen Anita Augspurg und Lida Gustava Heymann ihren Weg gemeinsam. Heymann, die über ihr soziales Engagement zur Frauenbewegung stieß, und die engagierte Frauenrechtlerin Augspurg werden zu Zentralfiguren der radikalfeministischen Bewegung. Es ist die Kompromisslosigkeit, mit der sie das Ziel der Gleichberechtigung verfechten, die ihre Haltung von der der bürgerlichen Frauenvereine unterscheidet. 1902 hatten sie deshalb in Hamburg den Deutschen Verein für Frauenstimmrecht mitbegründet. Im Mitspracherecht der Frauen sahen Anita und Lida von jeher eine unabdingbare Voraussetzung für die Entwicklung einer friedliebenden Gesellschaft, sind gar der Auffassung, »ein Europa mit Frauenwahlrecht wäre keinem Weltkrieg zum Opfer gefallen«.

Radikal vertreten sie also auch ihren pazifistischen Standpunkt. Sie gehören zu den Mitbegründerinnen des auf dem Haager Frauenfriedenskongress 1915 gebildeten »Internationalen Komitees für dauernden Frieden« und agitieren wieder auf dem Züricher Folgekongress im Mai 1919, wo sich das Komitee in »Internationale Frauenliga für Frieden und Freiheit« (IFFF) umbenennt.

Auch privat gehen die beiden keine Kompromisse ein: So machen sie von Beginn an keinen Hehl aus ihrer Zusammengehörigkeit und sind keineswegs bereit, sich in ihrem Verhalten oder auch in ihrem äußeren Erscheinungsbild weiblichen Konventionen zu unterwerfen. Schon lange bevor es Mode wird, haben sie kurz geschnittenes Haar, tragen bequeme Kleider und Pluderhosen, fahren in sportlichem Aufzug Fahrrad und reiten im Herrensitz. Anita liebt das Landleben und

erholt sich von den anstrengenden politischen Aktivitäten im Alpen-
land, wo sie alte Bauernhöfe wiederherrichtet, Blumengärten und
Parks anlegt. Sowohl Anita als auch Lida kommen aus wohlhabenden
Familien und können sich einen gehobenen Lebensstil leisten, den sie
gerne und ausgiebig genießen.

Das Ende des Königreichs Bayern am 7. November 1918 und die
Ausrufung der bayerischen Republik – der Münchner Räterepublik –
durch den USPD-Politiker Kurt Eisner sind für Anita Augspurg unmittel-
bares Signal zur Mobilisierung aller Frauen. Anita Augspurg selbst wird
Mitglied des provisorischen bayerischen Parlaments, Lida Gustava
Heymann in der Erziehungskommission. Mit großem Elan widmen
sich die beiden den neuen Aufgaben und hoffen, nun ihre längst erar-
beiteten Konzepte für ein demokratisches Staatsgebilde umsetzen zu
können. Dazu gehören vorrangig die gleichen Rechte für Mann und
Frau, die Öffnung aller Berufe und staatlicher Behörden für Frauen,
eine Überarbeitung des Familienrechts, die Gleichstellung ehelicher
und unehelicher Kinder, keine Diskriminierung lediger Mütter und die
Aufhebung des Paragrafen 218. Anita Augspurg kandidiert darüber
hinaus für die im Dezember stattfindenden Wahlen des Bayerischen
Landtags. Zum Wahlkampf ziehen die Frauen in die oberbayrischen
Dörfer: »Mit Rucksäcken beladen, die das erforderliche Propaganda-
material und eine Glocke enthielten, durchwanderten die Frauen die
Gegend von Dorf zu Dorf. Mit der Glocke wurde kräftig geklingelt, um
die Bevölkerung in Schule oder Wirtshaus zur Versammlung zu laden.
[...] [Die Frauen] zeigten reges Interesse, richteten sachliche Fragen an
die Rednerinnen, über Ehe- und Erziehungsrecht der Frau sowie ihre
ökonomische Stellung im neuen Staat. Bei einigen Bäuerinnen zeigte
sich das Interesse so lebendig, dass sie sich den Rednerinnen anschlos-
sen, mit ihnen durch den hohen Schnee ins nächste Dorf stapften. Sie
halfen ihnen, trugen die Rucksäcke, gingen mit der Klingel von Haus
zu Haus, holten die Frauen zur Versammlung.« Genügend Stimmen für
den Einzug in den Landtag erhält Anita Augspurg dennoch nicht.
Davon jedoch keineswegs entmutigt, plädieren Augspurg und Heymann
zu den Wahlen der deutschen Nationalversammlung am 19. Januar 1919

Der Kongress des Verbandes fortschrittlicher Frauen: (v.l.n.r.) Frau Hartog, Lida Gustava Heymann, Frau von Witte, Minna Cauer, Else Lüders, Dr. Anita Augspurg, Frau Lischnewska, Frau Schaaf, 1901.

für die Aufstellung von Frauenlisten mit weiblichen Kandidaten aller Parteien sowie parteilosen Frauen, denn es sei nicht die Aufgabe der Frauen, sich ins Schlepptau politischer Männerparteien nehmen zu lassen. Ein Projekt, das den Frauen sicher mehr Abgeordnetensitze beschert hätte, jedoch an den Vertreterinnen sowohl bürgerlicher als auch sozialistischer Organisationen scheitert.

Am 21. Februar 1919 wird Kurt Eisner von einem rechtsradikalen Studenten ermordet, und die Münchner Räterepublik findet am 3. Mai ein blutiges Ende. Für Augspurg und Heymann bedeutet dies zwar das Ende ihrer Mitarbeit in staatlichen Kommissionen, doch nicht das ihrer politischen Tätigkeit. Gemeinsam gründen sie unter anderem die Monatsschrift *Die Frau im Staat*, in der sie – häufig unter dem aus ihrer beider Vornamen zusammengesetzten Pseudonym »Anilid« – weiterhin ihre Positionen vertreten, obwohl in Bayern die reaktionäre Stimmung zunimmt und sie immer häufiger massiven Anfeindungen ausgesetzt sind. Als sich 1923 in München die Anhänger Adolf Hitlers ausbreiten und gewalttätige Übergriffe zunehmen, fordern Augspurg und Heymann gemeinsam mit anderen Frauen vom Innenminister Bayerns, Franz Schweyer, persönlich die Ausweisung Hitlers. Später erfahren sie, dass ihre Namen auf den von Hitlers Komplizen erstellten Listen standen, die »einen Kopf kürzer« gemacht werden sollten.

Nach der Machtübernahme der Nationalsozialisten 1933 sind Anita Augspurg und Lida Gustava Heymann im höchsten Grade gefährdet und kehren von einer Urlaubsreise nach Mallorca nicht mehr nach Deutschland zurück. Sie leben zunächst in Genf und später in Zürich.

»Ich wünsche mir nicht Deutschlands Niederlage, denn sie
würde ja den Militarismus auf der anderen Seite stärken,
sondern eine Niederlage des Krieges, des Krieges selbst.
Kein Staat, kein Volk darf ›siegen‹, das würde die Fortdauer
des kriegerischen Geistes bedeuten.«

HELENE STÖCKER, Oktober 1914

Helene Stöcker

13. November 1869 – 24. Februar 1943

So mahnt die Frauenrechtlerin, Sexualethikerin und Pazifistin Helene Stöcker schon wenige Wochen nach Beginn des Krieges. Bis dahin ist die aus Wuppertal stammende promovierte Philosophin eher dafür bekannt, inmitten der Prüderie des wilhelminischen Zeitgeistes Fragen der Sexualmoral öffentlich zur Sprache zu bringen, womit sie offenbar auch gegen die streng calvinistische Erziehung in ihrem Elternhaus rebelliert. Helene Stöcker entwickelt Grundsätze einer »neuen Ethik«, in denen sie für die Anerkennung nichtehelicher Lebensgemeinschaften, für Sexualaufklärung und Empfängnisverhütung sowie die Einführung einer staatlichen Mutterschaftsversicherung plädiert. 1905 gründen Helene Stöcker und ihre Mitstreiterinnen aus der radikalen Frauenbewegung den »Bund für Mutterschutz« und die Zeitschrift *Neue Generation,* um praktische soziale Tätigkeit mit Aufklärung im weitesten Sinn zusammenzuführen. Die damit verbundene Forderung nach einem Abtreibungsrecht löst bei den konservativen Frauenvereinen jedoch heftigen Widerspruch aus, sie werfen Helene Stöcker »Dirnenmoral« vor.

Trotz vielfältiger Angriffe hält Helene Stöcker unbeirrt an ihren Maximen fest, dass Berufstätigkeit, politische Partizipation und sexuelle Autonomie die Voraussetzungen für die Emanzipation der Frauen sind. Um die wirtschaftliche Unabhängigkeit auch der nichtberufstätigen Frauen zu gewährleisten, schlägt sie eine grundsätzliche Bezahlung der Hausfrauen und Mütter vor. Und mit der Befreiung aus unmittelbaren ökonomischen Zwängen soll das »Recht auf Liebe« einhergehen.

Der Kriegsausbruch trifft sie »wie Blitz und Donner aus heiterem Himmel«, erinnert Stöcker sich zehn Jahre später. »Ich vermochte es nicht zu fassen, dass so etwas in der Tat noch zwischen den am höchsten stehenden Kulturstaaten Europas möglich sei [...] dies törichte Zerreißen der anderen Nationen, diese Entfesselung aller brutalen Instinkte. Die mühsame jahrhundertelange Arbeit sittlicher Verfeinerung – ein großes Umsonst!« Erschüttert nimmt sie zur Kenntnis, dass von ihr geschätzte Wissenschaftler und Künstler wie Werner Sombart und Gerhart Hauptmann in einem »Aufruf an die Kulturwelt« den Krieg als notwendiges Mittel zur Rettung der deutschen Kultur befürworten und enge Freunde sich freiwillig zum Militär melden.

Helene Stöcker setzt sich nun intensiv mit dem Thema Krieg und Frieden auseinander. Ihre Idee des Mutterschutzes erweitert sie zu einem Konzept des »Menschenschutzes«, womit sie ein eindeutiges Bekenntnis zum Pazifismus ablegt: »Wie gegen die Rohheit und Gewaltmoral im Geschlechtsleben wollen wir gegen das Prinzip des erlaubten – ja verdienstlichen – Menschenmordens den bewussten Willen zum Kampf allgemein wecken und stärken.« Seit 1892 ist sie schon Mitglied der von Bertha von Suttner gegründeten Friedensgesellschaft und beteiligt sich jetzt darüber hinaus an verschiedenen pazifistischen

Initiativen und Verbänden. Sie nimmt am Frauenfriedenskongress 1915 in Den Haag teil und zählt zu den Mitbegründerinnen des von Frauen und Männern gemeinsam ins Leben gerufenen »Bundes Neues Vaterland«, einer der bedeutendsten pazifistischen Organisationen während des Krieges; 1922 wird daraus die »Deutsche Liga für Menschenrechte«.

Euphorisch begrüßt Helene Stöcker das Ende des Krieges und den Ausbruch der Revolution. Sie reist nach München, um Kurt Eisner bei der Schaffung der bayerischen Republik zu unterstützen und ruft »zu den Waffen – des Geistes und der Güte«. Ihre Hoffnung auf eine nahe, vom Friedenswillen aller geprägte Zukunft Deutschlands sieht sie jedoch schnell enttäuscht. Angesichts der gewaltsamen Niederschlagung des Spartakusaufstandes im Januar 1919 durch Regierungstruppen notiert sie resigniert:

»Für uns als Vorkämpfer der Gewaltlosigkeit, der Verständigung einer menschlichen Kultur ist es tief entmutigend, zu sehen, dass also offenbar Deutschland noch nichts gelernt hat [...] Doppelt furchtbar, nach den vier Jahren des schauerlichen Krieges draußen ansehen zu müssen, wie alle Mittel der Vernichtungskunst nun im eigenen Lande (wie in einem Bruderkrieg) gegen Andersdenkende verwendet werden.«

Dennoch versinkt sie nicht im Defätismus, sondern setzt ihre Arbeit für die Friedensbewegung fort. Aus der Verantwortlichkeit der Männer für den gerade geführten Krieg leitet sie eine Pflicht der Frauen ab, sich gegen Gewalt und Grausamkeit zu wenden. In dieser Hinsicht ähnelt Helene Stöckers Haltung der Lida Gustava Heymanns, die von einer ursprünglichen Friedfertigkeit der Frauen überzeugt ist und daraus folgert, dass nur eine größere Frauenmacht weitere Kriege verhindern kann.

Während der Weimarer Republik wendet Helene Stöcker sich wieder verstärkt ihren Ideen der »neuen Ethik« zu, denn sie hat nun die Hoffnung, dass es nach der Etablierung des Frauenwahlrechts und der Verankerung der Gleichberechtigung von Mann und Frau in der Weimarer Verfassung möglich sein wird, diese Ideen zu verwirklichen.

In der *Neuen Generation* setzt sie sich entschieden für das Recht der Frauen auf Geburtenkontrolle und eine Geburtenplanung nach sozialen Gesichtspunkten ein. Und es scheint, als ob die Nachkriegsgesellschaft wesentlich aufgeschlossener gegenüber solchen Gedanken ist. Nicht zuletzt sieht sie eine Chance zur Umsetzung ihrer Forderung durch die in der Weimarer Republik an die Öffentlichkeit tretenden Sexualreformer. So greift das im Juli 1919 von Magnus Hirschfeld in Berlin gegründete Institut für Sexualwissenschaft bei der Einrichtung von Ehe- und Sexualberatungsstellen auf die Erfahrungen des Bundes für Mutterschutz zurück. 1924 nennt sich ihr Bund dann auch »Deutscher Bund für Mutterschutz und Sexualreform« und verbindet sich ein Jahr später organisatorisch mit dem Hirschfeld-Institut. Die »neue Frau«, berufstätig, ökonomisch unabhängig, die im Weltkrieg ihre Bereitschaft und Fähigkeit zur gesellschaftlichen Mitarbeit bewiesen hat, steht nun im Mittelpunkt des gesellschaftlichen Diskurses um die von Helene Stöcker formulierte »Krise von Ehe und Familie«. Auch in den Zwanzigerjahren fordert sie damit den heftigen Widerspruch konservativer Frauenvereine heraus, die den Verfall der Sittlichkeit fürchten, findet aber ebenso Zuspruch bei vielen berufstätigen jungen Frauen.

Für die Hoffnung auf eine »Durchdringung der Kultur« mit Helene Stöckers Vorstellung von individueller Selbstbestimmung ist die Zeit aber noch nicht gekommen – für die Erreichung dieses Ziels werden auch noch die nächsten Generationen ihre Kraft einsetzen müssen.

Titelseite der von Helene Stöcker herausgegebenen Zeitschrift *Mutterschutz – Zeitschrift zur Reform der sexuellen Ethik*, 1905.

»Nein, nicht der Krieg, sondern der Sozialismus wird uns
befreien von all jener Fäulnis, die entstanden ist
und üppig wuchert, wo immer der Kapitalismus mit seiner
Profitgier, seinen Klassengegensätzen, seinem überquellenden
Reichtum auf der einen und der Armut und Abhängigkeit
auf der anderen Seite wirksam ist.«

Luise Zietz, 1915

Luise Zietz

25. März 1865 – 27. Januar 1922

Luise Zietz, die 1908 als erste Frau in der Geschichte der SPD in den Parteivorstand gewählt wird, ist ursprünglich durch ihre kurze Ehe mit dem Hafenarbeiter Christian Zietz mit der Hamburger Arbeiterbewegung in Kontakt gekommen. Im Fabrikarbeiterverband und in der SPD war sie auf Menschen getroffen, die ihre Kritik an den sozialen Missständen ebenso teilen wie ihr Streben nach mehr Bildung, das ihr – aufgewachsen unter größten Entbehrungen als Tochter eines verarmten Wollwirkers – inzwischen die Ausbildung an einem Fröbel-

Seminar eingebracht hat. Dieses hat es sich zur Aufgabe gemacht, »junge Mädchen jeden Standes zu geschickten und gewissenhaften Kinderwärterinnen heranbilden zu lassen«. Die Ausbildung soll sie befähigen, Kinder nach der Idee Fröbels zu »freien, selbsttätigen Menschen« zu erziehen – ein Ideal, das Luise auch für ihr eigenes Leben verwirklichen will. Sie besucht Vorträge, Seminare und geht auf SPD-Versammlungen. Bald greift sie in die Diskussionen ein. Mit ihrer klaren Sprache und kräftigen Stimme zieht sie die Hörer in den Bann, und schnell weiß man in der Partei ihr außergewöhnliches Organisations- und Rednertalent zu schätzen. Man schickt sie auf Agitationsreisen durch das Land – der »weibliche Bebel« heißt sie bei den Genossen. 1908 kann sie – nach der Verabschiedung des Reichsvereinsgesetzes, das Frauen endlich die Mitarbeit in politischen Parteien erlaubt – offiziell in die SPD eintreten und wird gleich in den Parteivorstand gewählt, zuständig für die Frauenarbeit.

Intensiv widmet sie sich in den nächsten Jahren der proletarischen Frauenbewegung, versucht die Arbeiterfrauen für die sozialistischen Ideen zu begeistern. Sie engagiert sich für bessere Arbeitsbedingungen der Frauen und gegen Kinderarbeit, sie propagiert die Gleichstellung der Frau und fordert das allgemeine Frauenwahlrecht.

Gemeinsam mit Clara Zetkin arbeitet sie mit an der sozialdemokratischen Zeitschrift *Die Gleichheit*, und so wie Zetkin lehnt auch sie ein Bündnis mit der bürgerlichen Frauenbewegung ab: »Wir haben Wichtigeres zu tun, als auf Konferenzen bürgerliche Frauen vor ihren Dummheiten zu bewahren.« Als Sozialdemokratin ist sie der festen Überzeugung, dass das Ringen um die Gleichberechtigung der Frau nur Teil des Kampfes für eine sozialistische Gesellschaft sein kann. Von ihrer strikten Haltung verabschiedet sich Luise Zietz jedoch nach Ausbruch des Krieges und fördert nunmehr die Zusammenarbeit mit den Akteurinnen aus dem Bund Deutscher Frauenvereine (BDF).

Die politischen Gegensätze innerhalb der Frauenbewegung rücken für Luise Zietz in den Hintergrund. Angesichts der unsäglichen Not, die der Krieg über die Arbeiterfamilien bringt, gelte es jetzt, den verzweifelten Frauen, den verwaisten Kindern, den Arbeitslosen, den

Kranken und Leidenden mit Rat und Tat beizustehen. Denn Not und Leid kennt Luise Zietz aus ihrer Kindheit. Im Verlauf des 19. Jahrhunderts waren die traditionell handwerklich arbeitenden Wollweber durch die sich rasant entwickelnde Industrie mit ihren effizienteren Produktionsmethoden in Existenznot geraten. Um überleben zu können, war die Mitarbeit aller Familienmitglieder unerlässlich. Zur Vorbereitung der Rohwolle hatte Luise – damals noch Luise Körner – mit ihren Geschwistern die Kratzmaschine mittels eines Tretrades antreiben müssen, wozu ansonsten Hunde angeschirrt wurden. Und: »Sollte die Wolle gewebt werden, musste sie auf Spulen gebracht werden. Das war für uns Kinder eine schreckliche Marter. Der Rücken schmerzte, der rechte Arm droht zu erlahmen. Die Finger waren von den scharf gesponnenen Fäden blutig gerissen, und im Schrank war kein Brot, und der Hunger tat so weh«, berichtet Luise in ihren Erinnerungen über ihre unmittelbare Erfahrung mit dem Weber-Elend.

Nach der Volksschule war sie zunächst als Dienstmädchen in Stellung gegangen und hatte anschließend in einer Tabakfabrik gearbeitet, beides ebenfalls unter widrigen Bedingungen, bis der begabten jungen Frau schließlich dank unermüdlicher Lektüre in jeder freien Minute die Aufnahme in besagtes Fröbel-Seminar gelungen war.

Im August 1914 nun ruft Luise Zietz alle SPD-Frauen zur »Pflichterfüllung« und zur »Beteiligung an der Kriegshilfe«. Sie fordert die Genossinnen auf, sich in den Dienst der kommunalen Hilfsaktionen zu stellen – was letztendlich einer Eingliederung in den vom BDF ins Leben gerufenen Nationalen Frauendienst gleichbedeutend ist. Viel Kraft kosten Luise Zietz in den kommenden Jahren die immer schärfer werdenden Auseinandersetzungen innerhalb der SPD: zwischen dem rechten Flügel – den Verfechtern der Burgfrieden-Politik – und den Kriegsgegnern des linken Flügels um Karl Liebknecht. Nach außen vertritt Luise Zietz noch lange die Linie des Parteivorstandes, weil sie in der Verweigerung der Parteidisziplin eine Bedrohung für die Einheit und Stärke der Partei sieht. Diese Parteiraison relativiert sie jedoch parteiintern: Innerhalb des Vorstandes kritisiert sie zunehmend die Kriegspolitik der Parteiführung, bis sie schließlich ihrer Funktion enthoben wird. Als sich 1917 der linke Flügel der SPD abspaltet und die Unabhängige Sozialdemokratische Partei Deutschlands, die USPD, gründet, ist Luise Zietz dabei. In der USPD, der sich auch die Spartakusgruppe um Karl Liebknecht und Rosa Luxemburg anschließt, übernimmt sie wieder die Verantwortung für die Frauenorganisation.

Als mit dem Ende des Krieges die Frauen in Deutschland das Wahlrecht erhalten, wird Luise Zietz als eine von 37 Frauen in die Weimarer Nationalversammlung gewählt und hält dort nach Marie Juchacz von der SPD am 19. Februar 1919 als zweite Frau in der Parlamentsgeschichte eine Rede. 1920 zieht sie als Abgeordnete in den Reichstag ein.

Ihre politische Arbeit findet jedoch schon zwei Jahre darauf nach einem zum Tode führenden Herzinfarkt, den sie im Plenarsaal erlitten hat, ein jähes Ende. Luise Zietz' letzte Ruhestätte ist der Sozialistenfriedhof in Berlin-Friedrichsfelde. Drei Jahre zuvor hatte sie dort für die am 15. Januar 1919 ermordeten Kommunisten Rosa Luxemburg und Karl Liebknecht die Trauerrede gehalten.

Dem Tod von Luise Zietz widmen sich zahlreiche Journalisten in sehr wohlwollenden Nachrufen – auch in bürgerlichen Zeitungen, wo man zum Abschied immerhin solche würdigenden Worte findet wie: »Sie war nicht ohne Größe und gab alles hin für fremde Not.«

Luise Zietz spricht auf einer Kundgebung der
USPD vor dem Berliner Schloss, 1920.

Literatur

B

Badia, Gilbert: *Clara Zetkin*, Berlin 1994

Bäumer, Gertrud: *Heimatchronik während des Weltkrieges*, Berlin 1930

Bollmann, Stefan: *Frauen, die denken, sind gefährlich und stark*, Berlin 2015

Briefe Wilhelms II. an den Zaren 1894–1914 entn.: archive.org <http://archive.org/details/briefewilhelmsiioowill>

C

Cecilie. Deutschlands letzte Kronprinzessin. Zwischen Monarchie und Republik, Potsdam 2004

D

Daniel, Ute: *Arbeiterfrauen in der Kriegsgesellschaft. Beruf, Familie und Politik im Ersten Weltkrieg*, Göttingen 1989

Dech, Julia: *Hannah Höch. Schnitt mit dem Küchenmesser*, Frankfurt am Main 1993

Decker, Karin: *Mein Herz – Niemandem. Das Leben der Else Lasker-Schüler*, Berlin 2009

Dick, Ricarda (Hg.): *Else Lasker-Schüler – Franz Marc. Eine Freundschaft in Briefen und Bildern*, München 2012

Durieux, Tilla: *Meine ersten neunzig Jahre. Erinnerungen. Die Jahre 1952–1971 nacherzählt von Joachim Werner Preuss.* © F. A. Herbig Verlagsbuchhandlung GmbH, München 1971. Abdruck mit freundlicher Genehmigung

E

Erickson, Carolly: *Alexandra Romanow. Die letzte Zarin*, München 2005

F

Feuerstein-Praßer, Karin: *Frauen, die aufs Ganze gingen*, München 2009

Fischer, Heinz: *Mut der Frauen. Lebensbilder aus der Weltgeschichte*, München 2006

Frauenaufgaben im künftigen Deutschland, Jahrbuch des Bundes deutscher Frauenvereine 1918, Leipzig/Berlin 1918

Förster, Evelin: *Die Frau im Dunkeln. Autorinnen und Komponistinnen des Kabaretts und der Unterhaltung von 1901 bis 1935*, Berlin 2013

G

Gerhard, Ute: *Unerhört. Die Geschichte der deutschen Frauenbewegung*, Reinbek 1990

Goldsmith, Barbara: *Marie Curie. Die erste Frau der Wissenschaft*, München 2012

Gregor, Ulrich, Enno Patalas: *Geschichte des Films 1. 1895–1939*, Reinbek 1980

Grützner, Günter, Manfred Ohlsen: *Schloss Cecilienhof und das Kronprinzenpaar*, Berlin 1991

Guttmann, Barbara: *Weibliche Heimarmee. Frauen in Deutschland 1914–1918*, Weinheim 1989

H

Hagener, Edith: *»Es lief sich so sicher an Deinem Arm«. Briefe einer Soldatenfrau 1914*, Weinheim/Basel 1986

Harbou, Thea von: *Der Krieg und die Frauen*, Stuttgart/Berlin 1916

Heimatdienst im ersten Kriegsjahr. Jahrbuch des Bundes Deutscher Frauenvereine für 1916, Leipzig/Berlin 1916

Heresch, Elisabeth: *Alexandra. Tragik und Ende der letzten Zarin*, München 1993

Hering, Sabine: *Die Kriegsgewinnlerinnen. Praxis und Ideologie der deutschen Frauenbewegung im Ersten Weltkrieg*, Pfaffenweiler 1990

Heymann, Lida Gustava, Anita Augspurg: *Erlebtes – Erschautes. Deutsche Frauen kämpfen für Freiheit, Recht und Frieden 1850–1940*, Frankfurt am Main 1992

Hildebrandt, Irma: *Große Frauen. Porträts aus fünf Jahrhunderten*, München 2008

J

Juchacz, Marie: *Sie lebten für eine bessere Welt. Lebensbilder führender Frauen des 19. und 20. Jahrhunderts*, Berlin/ Hannover 1956

K

Kagelmann, Andre: *Der Krieg und die Frau. Thea von Harbous Erzählwerk zum Ersten Weltkrieg*, Kassel 2009

Kerckhoff, Annette: *Heilende Frauen*, Berlin 2014

Kerner, Charlotte (Hg.): *Nicht nur Madame Curie … Frauen, die den Nobelpreis bekamen*, Weinheim 1995

Knobloch, Heinz: *Meine liebste Mathilde. Die beste Freundin der Rosa Luxemburg*, Berlin 1994

Koch, Elke: *»Jeder tut, was er kann fürs Vaterland«*, in: Gerhard Hirschfeld, Gerd Krumeich, Dieter Langewiesche, Hans-Peter Ullmann (Hg.): *Kriegserfahrungen. Studien zur Sozial- und Mentalitätsgeschichte des Ersten Weltkrieges*, Essen 1997

Kollwitz, Käthe: *Die Tagebücher 1908–1943*, München 2012

Korte, Hermann: *Die Dadaisten*, Reinbek 2007

Krahmer, Catherine: *Käthe Kollwitz*, Reinbek 1981

Kriegsjahrbuch des Bundes Deutscher Frauenvereine 1915, Leipzig/Berlin 1915

Kriegskochbuch. Anweisungen zur einfachen und billigen Ernährung, Hamburg 1915; Reprint: Paderborn 2012

Kuhn, Annette (Hg.): *Die Chronik der Frauen*, Dortmund 1992

L

Lanfranconi, Claudia, Antonia Meiners: *Kluge Geschäftsfrauen*, Berlin 2013

Lasker-Schüler, Else: *Die kreisende Weltfabrik. Berliner Ansichten und Porträts*, Berlin 2012

Lehnert, Gertrud: *Frauen machen Mode*, Dortmund 1998

Leitner, Gerit von: *Der Fall Clara Immerwahr. Leben für eine humane Wissenschaft*, München 1993

Leitner, Gerit von: *Wollen wir unsere Hände in Unschuld waschen? Gertrud Woker (1878–1968). Chemikerin & Internationale Frauenliga 1915–1968*, Berlin 1998

Lemmerich, Jost (Hg.): *Bande der Freundschaft. Lise Meitner – Elisabeth Schiemann. Kommentierter Briefwechsel 1911–1947*, Wien 2010

M

Maucher, Ute, Gabi Pfeiffer: *Codewort: Seidenstrumpf. Die größten Spioninnen des 19. und 20. Jahrhunderts*, Cadolzburg 2010

Möhrmann, Renate: *Tilla Durieux und Paul Cassirer. Bühnenglück und Liebestod*, Berlin 1997

N

Nielsen, Asta: *Die schweigende Muse.* Aus dem Dänischen von H. Georg Kemlein. Henschel Verlag Berlin 1977. Abdruck mit freundlicher Genehmigung

O

Oelßner, Fred: *Rosa Luxemburg. Eine kritische biographische Skizze*, Berlin 1951

P

Panke-Kochinke, Birgit: *Unterwegs und doch daheim. (Über-)Lebensstrategien von Kriegskrankenschwestern im Ersten Weltkrieg in der Etappe*, Frankfurt am Main 2004

R

Riva, Maria: *Meine Mutter Marlene*, München 1992

Rother, Rainer (Hg.): *Die letzten Tage der Menschheit. Bilder des Ersten Weltkrieges*, Berlin 1994

S

Sanders-Brahms, Helma: *Gottfried Benn und Else Lasker-Schüler*, Berlin 1997

Sannwald, Daniela, Christina Tilmann (Hg.): *Die Frauen von Babelsberg. Lebensbilder aus 100 Jahren Filmgeschichte*, Berlin 2012

Schwerin, Kerrin Gräfin von: *Frauen im Krieg*, Berlin 1999

Seidemann, Maria: *Rosa Luxemburg und Leo Jogiches*, Berlin 1998

Seydel, Renate, Allan Hagedorff (Hg.): *Asta Nielsen. Eine Bildbiographie*, Berlin 1981

Spitzer, Barbara: *Melli Beese. Bildhauerin, Pilotin – eine ungewöhnliche Frau*, Berlin 1992

Sternheim, Thea: *Tagebücher 1905–1927. Die Jahre mit Carl Sternheim*, Mainz 1995

V

Viktoria Luise (Herzogin): *Die Kronprinzessin*, Hannover 1977

W

Wickert, Christl: *Helene Stöcker 1869–1943. Frauenrechtlerin, Sexualreformerin und Pazifistin. Eine Biographie*, Bonn 1991

Wilmers, Annika: *Pazifismus in der internationalen Frauenbewegung 1914–1920. Schriften der Bibliothek für Zeitgeschichte – Neue Folge*, Bd. 23, Essen 2008

Windisch-Graetz, Ghislaine: *Kaiseradler und rote Nelke*, Berlin/München 1989

Wittmann, Livia Käthe, Barbara Zibler: *Melli Beese und die »Flügel am Horizont«*, Berlin 2009

Wottrich, Henriette: *Auguste Kirchhoff. Eine Biographie*, Bremen 1990

Wunderlich, Dieter: *Außerordentliche Frauen*, München 2011

www.erster-weltkrieg.clio-online.de

Bildnachweis

akg-images, Berlin: Umschlagfoto
(Hintergrund)
Leo Baeck Institute, New York:
Umschlagfoto (Vordergrund),
Seite 125 rechts
bpk, Berlin: 18 oben, 20 links, 25 links,
78, 82, 135, Umschlagrückseite oben
links
Bridgeman Images, Berlin: 48, 55
Bundesarchiv, Koblenz: 103 rechts
(183-R43302), 125 links (002-004-017),
128 links (Lida Gustava Heymann,
146-1987-143-05)
Interfoto, München: 25 rechts, 27
(Rosa Luxemburg), 76 (Asta Nielsen)
Käthe Kollwitz Museum, Köln: 33
picture-alliance, Frankfurt am Main:
31 (Käthe Kollwitz), 58, 61 (Marie
Curie), 62, 110 (Alexandra
Fjodorowna)

Süddeutsche Zeitung Photo, München:
8 oben, 18 unten, 38, 50, 68 oben,
71, 112, 118 unten rechts, 127, 132
(Helene Stöcker), Umschlagrückseite
unten
ullstein bild, Berlin: 23, 26, 35
(Thea von Harbou), 46 oben, 53, 57
(Edith Cavell), 65 (Tilla Durieux),
67, 68 unten rechts, 74, 80 (Else
Lasker-Schüler), 85 (Melli Beese),
87, 90 oben, 92, 95, 100 Mitte, 103
links, 107, 108, 128 rechts (Anita
Augspurg), 131, 136 (Luise Zietz), 139,
144, Umschlagrückseite oben Mitte

Weitere Nachweise über das Bild-
archiv des Insel Verlags.

Extra-Blatt.

BERLINER MORGENPOST

20

Mobilisierungs-Befehl.

Soeben ist ein Befehl des Kaisers ergangen, der die

allgemeine Mobilisierung des Deutschen Heeres und der Flotte anordnet.

Als erster Mobilmachungstag gilt

Sonntag, der 2. August 1914.